BASTEI
LÜBBE
TASCHENBUCH

Rachel Lambert

Weil ich dich liebe, will ich dich gehen lassen

Nach dem Unfall meines Mannes
kämpfte ich für seine Erlösung

Aus dem Französischen von
Karin Meddekis

BASTEI
LÜBBE
TASCHENBUCH

BASTEI LÜBBE TASCHENBUCH
Band 60876

Dieser Titel ist auch als E-Book erschienen.

Vollständige Taschenbuchausgabe

Deutsche Erstausgabe

Für die Originalausgabe:
Copyright © 2014 by Rachel Lambert
Titel der französischen Originalausgabe:
»Vincent – Parce que je l'aime, je veux le laisser partir«
Originalverlag: Librairie Arthème Fayard

Für die deutschsprachige Ausgabe:
Copyright © 2015 by Bastei Lübbe AG, Köln
Textredaktion: Dr. Matthias Auer, Ludwigshafen
Titelillustration: © FinePic®, München
Umschlaggestaltung: Pauline Schimmelpenninck Büro für Gestaltung, Berlin
Satz: hanseatenSatz-bremen, Bremen
Gesetzt aus der Adobe Garamond Pro
Druck und Verarbeitung: GGP Media GmbH, Pößneck
Printed in Germany
ISBN 978-3-404-60876-8

1   3   5   4   2

Sie finden uns im Internet unter
www.luebbe.de
Bitte beachten Sie auch: www.lesejury.de

Für dich, mein Herz,
und unsere wundervolle Tochter
mit all meiner Liebe

Inhalt

Liebster Vincent,

jetzt sind wir seit sieben Jahren verheiratet, und ein paar Jahre länger lieben wir uns schon. Man könnte sich fragen, wie unser Leben verlaufen wäre, wenn du an meiner Seite geblieben wärest. Vielleicht wäre das Leben uns nicht wohlgesinnt gewesen, und wir wären einander vielleicht überdrüssig geworden. Doch eines ist sicher, die Liebe wäre auf jeden Fall immer gegenwärtig geblieben, diese Liebe, für die unsere Tochter der lebende Beweis ist und die mit ihr weiter wachsen wird.

Wir bauten uns gerade unser Leben auf, und plötzlich wurden wir aus diesem Leben herausgerissen und mit einem ganz anderen Leben konfrontiert. In erster Linie war es natürlich für dich ein anderes Leben, ein Leben in einem Niemandsland mit seinem unvorstellbaren Leid, und für mich ein anderes Leben, in dem du mich zurückgelassen hast. Ein Leben, das einem Brachland ähnelt, auf dem nur das Warten wächst. Warten worauf? Auf wen? Natürlich auf dich, der du niemals wieder an meiner Seite sein wirst. Auf was? Eine Linderung der entsetzlichen Trauer, die mir zu schaffen macht. Die Trauer um den Menschen, der du einst warst, um unser Leben zu zweit und zu dritt, um die Kinder, die wir nicht mehr bekommen werden, um das kleine Haus, von dem wir träumten, um die Vertrautheit, die es nicht mehr gibt, um die Hoffnung auf eine mögliche Genesung ...

So viele Gründe, um zu trauern, dass die Liste auf keinen Fall vollständig sein kann, so viele Wunden und so viel Leid, über das allzu oft niemand spricht. Es ist eben so, dass es mitunter Leiden gibt, die nur schwer oder sogar unmöglich zu begreifen sind ... Wie sollte man sie dann in Worte fassen können? Dieses Leiden bleibt das Einzige, was nur mir gehört und was mich ständig begleitet.

Vielleicht füllt die Tatsache, dass ich es nicht teilen kann, die Leere. Der Schmerz über deine Abwesenheit ist ein treuer Begleiter, wenn Gott und die anderen sich rar machen. Denn natürlich sorgt das Leben dafür, dass für die anderen irgendwann wieder Normalität einkehrt, doch mich hat es am Straßenrand vergessen. An genau dieser Straße, wo alles begann (dieses zweite Leben) und wo alles endete (unser Leben, das wir bis dahin führten).

Denn durch deinen Unfall hat sich alles geändert. Aus dem Mann in der Blüte seiner Jahre, der seit wenigen Wochen Vater war, ist ein dahinsiechender Komapatient mit einem ungewissen (oder, medizinisch gesprochen, minimalen) Bewusstsein geworden. Deine Seele (falls es so etwas überhaupt gibt) schwebt zwischen dem Hier und einem Anderswo. Jeder versucht, sich des Körpers, der du geworden bist, zu bemächtigen. Jeder fordert das Recht zu entscheiden, was gut für dich ist. Man könnte übrigens meinen, dass ich genau das auch versuche … Ich will jedoch nur, dass dein Wille respektiert wird, dass diesem Willen und diesen Überzeugungen, die den Mann ausgemacht haben, in den ich mich unsterblich verliebt habe, Beachtung geschenkt wird.

Ich verlange einzig und allein anzuerkennen, dass ich diesen Mann gekannt habe, als er noch gesund war und seine Meinung kundtun konnte. Ich erhebe Anspruch auf dein Recht, als der Mann mit einer starken Persönlichkeit in Erinnerung zu bleiben, der klare Vorstellungen von seinem Leben und dem Ende seines Lebens in einer solchen Situation hatte, auch wenn sie nicht schriftlich fixiert wurden.

Wenn man heiratet, glaubt man zu Recht, dass der andere da sein wird, um für uns unseren Willen zu äußern. Wir glauben ebenso zu Recht, dass der andere das Versprechen hält, das er an dem Tag der Eheschließung gegeben hat: »Der Mann verlässt seinen Vater und seine Mutter, um mit einer Frau den Bund fürs Leben zu schließen, sodass sie nur noch eine Person sind.« Wir sind so naiv zu glauben, dass wir nicht bis zum Tod unserer Eltern minderjährig bleiben, und schon gar nicht, wenn wir selbst Eltern sind. Mir ist der Gedanke unerträglich, dass dieser Mann – und ich bestehe auf dieses Wort –, mein Ehemann, für einige ein Objekt geworden ist, das sie wie ein Kind behandeln können oder – weniger drastisch ausgedrückt –, das in ihren Augen wieder ein Kind geworden ist.

Es ist inakzeptabel, dein Leben als der Mann, zu dem du dich entwickeln konntest, nicht anzuerkennen, denn das hieße, dich zu verleugnen. Selbst wenn diese Zeit des Lebens viel zu kurz war, hast du einst ein anderes Leben geführt, dieses nach deinen Vorstellungen gestaltet und Entscheidungen getroffen. Dich wie ein Kind zu behandeln, das bedeutet, dich zu verleugnen und dein Handeln und deine Entscheidungen ebenfalls nicht anzuerkennen. Und das wiederum bedeutet konsequenterweise, unserer Ehe und unserem Kind nicht die geringste Bedeutung beizumessen.

Aus Respekt vor unserer Liebe und aus Respekt vor unserer Tochter lasse ich nicht zu, dass irgendjemand unsere Familie, die wir uns gewünscht und gemeinsam gegründet haben, verunglimpft. Unsere Tochter soll stolz sein auf unser beider Liebe, die wir ihr entgegengebracht haben und durch die sie entstanden ist. Ich bin voller Groll allen gegenüber, die dich vergessen oder dir keine Beachtung geschenkt haben und die versuchen, unser gemeinsames Leben und das unserer Tochter in Frage zu stellen. Das ist mir unerträglich.

Ich meinerseits habe mich von der geliebten Ehefrau eines Mannes, der ihr das größte Geschenk der Liebe gemacht hat, ein wundervolles Kind, in eine Frau verwandelt, die ich nun erst entdecken und kennenlernen muss. Eine Frau mit einem gebrochenen Herzen, aber auch eine Frau, der das gelingt, was sie für undenkbar gehalten hat: ohne dich zu leben, aber für dich und für unsere Tochter.

Woher schöpfe ich die Kraft? Zweifellos aus der Liebe als Ehefrau und Mutter und aus dem Anblick dieses Kindes, das der le-

bende Beweis unserer Liebe ist. Der Anblick meiner Tochter trägt mich und hilft mir, immer weiterzumachen und unerträgliche Augenblicke durchzustehen. Wenn ich kurz davorstehe, den Mut zu verlieren, verleiht mir der Anblick dieses wundervollen Wesens Mut und Energie, um mich wieder in den Kampf zu stürzen, und auch, um einfach nur zu leben.

Der Wunsch, ihr ein gutes Vorbild zu sein, treibt mich ebenfalls dazu an zu versuchen, wieder als Individuum einen Platz im Leben einzunehmen, ohne »die Ehefrau von« oder »die Mutter von« zu sein, die Heilige oder das Monster (je nachdem, welchen Standpunkt man einnimmt). Ohne Kummer und Leid geht das nicht, denn möglicherweise geschieht dies auf deine Kosten. Wenn ich es jedoch tue oder es zumindest versuche, dann auch aus Respekt vor dem Leben, das oft kürzer ist, als man ahnt, und weil ich hoffe, das Leben zu leben, von dem wir geträumt haben. Dadurch möchte ich deine Vorstellung vom Leben weiterführen.

Rachel, für immer dein

Der Sprache beraubt

I 1. Mai 2013. Vincent schläft friedlich und atmet ruhig. Seine Miene verrät keinerlei Schmerzen, seine Gesichtszüge sind entspannt. Wie an jedem oder fast jedem Tag seit fast fünf Jahren sitze ich am Bett meines Mannes in diesem Zimmer mit den sonderbaren Gerüchen und den dumpfen Geräuschen, in diesem Zimmer, das den Übergang zwischen Leben und Tod markiert. Ich kenne jeden Winkel, jeden noch so kleinen Flur des Krankenhauses hier in Reims. Ebenso gut kannte ich mich zuvor in dem Krankenhaus in Châlons-en-Champagne und in der Spezialklinik für Komapatienten in Berck aus, in der Vincent wochenlang behandelt wurde.

Lange Zeit habe ich in diesen Krankenhäusern an Vincents Bett gesessen und während der Besuche mein Baby gestillt. Die Kleine hat ihren Vater praktisch niemals als gesunden Mann kennengelernt.

Heute bin ich allein bei meinem Mann, der mit steifen Gliedern in seinem Bett liegt, bei dieser guten Seele, die ich so sehr bewundere, bei meinem Liebsten, den ich noch mehr liebe als zuvor. Seit seinem Unfall hat er entsetzliches Leid ertragen müssen. Er hat gekämpft, um seine Lebenskraft, sein Bewusstsein und wenigstens einen Teil seines Lebens zurückzuerlangen.

Ich glaubte und hoffte lange Zeit, es könnte gelingen. So oft klammerte ich mich an einen Strohhalm: einen Schimmer in seinen Augen, eine Träne auf seiner Wange, eine Bewegung eines Beins ... Winzige Lebenszeichen, und letztendlich doch innerhalb von fünf Jahren furchtbar wenige.

Sie sind so selten seit dem Verkehrsunfall im September 2008, diesem Bruchteil einer Sekunde, der Vincent aus seinem aktiven Leben mit zahlreichen Zukunftsplänen herausgerissen und ihn zu einem passiven Leben ohne Sinn verdammt hat. Aus der glücklichen, verliebten Ehefrau und der jungen Mutter voller Lebenslust wurde durch den Unfall in einem winzigen Augenblick eine Frau, die als solche kaum noch wahrgenommen wird, die Begleiterin ihres Ehemannes in einem sogenannten »vegetativen Zustand«, was so viel heißt wie »Zustand mit minimalem Bewusstsein«.

Hinter dieser nüchternen medizinischen Fachsprache verbirgt sich eine grausame, heimtückische Realität, die man nur schwer akzeptieren kann. Es kommt vor, dass Vincent seine Arme und Beine reflexartig bewegt. Manchmal scheint es, als würde er bewusst weinen, lächeln oder ein Bein strecken. Aber in den vom Obersten Verwaltungsgericht angeforderten Gutachten steht, dass seine sensorischen oder motorischen »Reaktionen« nichts mit Emotionen zu tun haben. Es sind reine Reflexe. Aufgrund seiner zu großen Hirnschädigungen besteht keine Möglichkeit zur Kommunikation.

Natürlich neigt man dazu, eine Träne, die über seine Wange rinnt, oder einen bestimmten Gesichtsausdruck zu interpretieren. Davor sollte man sich hüten.

Seine Eltern, Pierre und Viviane Lambert, glauben, die Wahrheit über Vincents Zustand zu kennen. Für sie ist die winzigste körperliche Regung der Ausdruck eines eisernen Willens, am Leben zu bleiben. Ich glaube, das Gegenteil ist der Fall. Kann man dieses Leben in absoluter Abhängigkeit noch als würdevolles Leben bezeichnen? In Hinblick auf Vincents Wahrnehmung glaube ich es nicht. Wozu soll es gut sein, ihm dieses Leid aufzubürden? Warum soll er das Leid ertragen, in diesem vegetativen Zustand zu leben, ohne dass die geringste Hoffnung auf eine Heilung oder eine Besserung seines Zustands besteht?

Vincent ist in seinem Körper gefangen und seiner Sprache beraubt.

Ich sitze an Vincents Bett. Ich richte meinen Blick auf ihn und wage es nicht, mit ihm zu sprechen. Ich schaffe es nicht, ihn zu berühren. Ich stehe unter Schock und bin wie erstarrt, nachdem ich die Neuigkeit erfahren habe.

Heute, am 11. Mai 2013, hat die Absurdität der Außenwelt in dieses Zimmer Einzug gehalten. Ich muss ihm sagen, dass seine Freiheit nicht auf der Tagesordnung steht. Ich weiß nicht, wie und ob ich es überhaupt tun soll. Aufgrund einer richterlichen Entscheidung sind die Ärzte gezwungen, seine Behandlung wieder aufzunehmen, obwohl er sie nicht verträgt.

Vor einunddreißig Tagen haben die Stationsärzte, die für die Komapatienten zuständig sind und die Vincent schon seit fünf Jahren behandeln, beschlossen, die künstliche Ernährung einzustellen – seine einzige Behandlung. Sie hatten seit vielen Monaten während der Pflege ein ungewöhnliches Verhalten festgestellt, das auf einen gewissen Widerstand hindeutete.

Nach ausführlicher Diskussion im Kreise der Kollegen, wie es das Gesetz Leonetti vorschreibt, haben die behandelnden Ärzte, Eric Kariger und sein Team, beschlossen, die Behandlung einzustellen. Eine medizinische Entscheidung, die rechtens ist. Mich zerreißt es natürlich, der schlimmste Augenblick meines Lebens. Doch ich muss es akzeptieren, um in seinem Sinne zu handeln und um zu respektieren, was er immer gewollt hat.

Mittlerweile kenne ich das Gesetz Leonetti in- und auswendig. Von der Idee her ist es gut und schützt Vincent. Zum ersten Mal habe ich von diesem Gesetz gehört, das am 22. April 2005 auf Initiative des Abgeordneten Jean Leonetti verabschiedet wurde, als die Ärzte mich baten, ihnen noch einmal Vincents Wünsche genau zu schildern. Ich habe alles gelesen, was ich im Internet zu diesem Thema fand, außerdem die Protokolle der Parlamentsdebatten und den genauen Gesetzestext. Zudem habe ich mich intensiv mit allem beschäftigt, was über die Standards in der Palliativmedizin veröffentlicht wurde, um wirklich alle Feinheiten zu erfassen.

Das Gesetz Leonetti legalisiert die passive Sterbehilfe und bietet unter bestimmten Voraussetzungen die Möglichkeit, eine Behandlung zu beenden und den Patienten nicht mit allen Mitteln künstlich am Leben zu erhalten. Die künstliche Ernährung und Flüssigkeitszufuhr werden als Behandlung angesehen, also kann beides im Rahmen des Gesetzes beendet werden. Um zu vermeiden, dass der Patient leidet, können ihm Beruhigungs- und Schmerzmittel verabreicht werden und der Mund darf regelmäßig befeuchtet werden. Nach mehreren Tagen oder Wochen tritt der Tod ein.

Dieses Verfahren wird von den beiden Lagern, die sich in der lebhaften Debatte zur Frage der Sterbehilfe gegenüberstehen, als menschenunwürdig angesehen. Auf der einen Seite stehen die Gegner der Sterbehilfe. Ihrer Meinung nach handelt es sich bei der Ernährung um eine Grundversorgung, die jedem Menschen zusteht, und nicht um eine Behandlung. Sie prangern es an, dass das Gesetz Leonetti so ausgelegt wird, als handelte es sich um ein Gesetz zur Sterbehilfe. Auf der anderen Seite stehen die Anhänger der Sterbehilfe. Sie wünschen, dass die »Scheinheiligkeit« aufhört, und sie plädieren für die Erlaubnis, auch aktiv Sterbehilfe leisten zu dürfen, die es einem Patienten ermöglicht, schnell zu sterben.

Ich vertraue den Ärzten. Sie haben verstanden, was Vincent gewollt hätte. Er hätte niemals dieses Leben akzeptiert, das ihm aufgezwungen wird.

Für mich besteht daran nicht der geringste Zweifel.

Seine Familie oder zumindest seine Mutter Viviane Lambert, sein Vater Pierre Lambert, David, ein Halbbruder, und Anne, eine seiner Schwestern, sehen das anders. In ihren Augen kommt es einem Mord gleich, wenn Vincents Behandlung eingestellt wird. Sie meinen, er solle am Leben bleiben …

Natürlich hätte auch ich alles dafür gegeben, dass er am Leben bleibt. Aber über was für ein Leben sprechen wir hier?

Ihre Anwälte führen an, dass das Gesetz Leonetti nicht auf seinen Fall bezogen werden könne. Ihrer Meinung nach liegt Vincent nicht im Sterben, und es besteht keine Dringlichkeit, die Behandlung zu beenden. Sie meinen, dass Vincents Situation von einer Behinderung herrührt und nicht von einer unheilbaren Schädigung des Gehirns. Eine Ansicht, zu der sicherlich auch religiöse Überzeugungen geführt haben. In den Medien wurde berichtet, dass Vincents Mutter der Piusbruderschaft nahesteht, einer traditionalistischen katholischen Bewegung. Ihr Anwalt, Jérôme Triomphe, hat auch Civitas vertreten, eine konservative Bewegung, die besonders durch ihren hartnäckigen Widerstand gegen das Recht einer Ehe für alle bekannt wurde.

Die Lamberts haben das Verwaltungsgericht in Chalôns-en-Champagne angerufen. Seine Entscheidung fiel heute Morgen. Ich war nicht anwesend, da ich erst am Abend zuvor von der Verhandlung am nächsten Tag erfuhr. Zudem war ich nicht vorgeladen worden.

Als ich in der Universitätsklinik in Reims ankomme, ist eine von Vincents Schwestern da und steht mir zur Seite. Der Stationsarzt sieht uns auf dem Gang, als er mich gerade anrufen will, um mich über die Entscheidung zu informieren. Er bittet uns ins Schwesternzimmer. Und dann platzt die Bombe.

Ich bin entsetzt, als ich erfahre, dass das Gericht eine einstweilige Verfügung erlassen und angeordnet hat, dass das Krankenhaus »die künstliche Ernährung wieder aufnehmen und für die notwendige Flüssigkeitszufuhr sorgen muss«. Als Grund wird angeführt, dass Viviane Lambert und ihr Ehemann, die in Südfrankreich wohnen, nicht ausreichend über die Entscheidung von Dr. Kariger und seinem Ärzteteam informiert worden seien, so, wie es das Gesetz Leonetti vorschreibe.

Blinde Wut steigt in mir auf, doch sie wird durch meine ungeheuere Bestürzung gedämpft. Ich sehe Tränen auf den Wangen von Vincents Schwester. Die ganze Situation ist mir unerträglich, und ich laufe in Tränen aufgelöst aus dem Schwesternzimmer. Und dann sind sie da, ganz in der Nähe. Wir sehen sie durch die Glasscheibe, als sie alle den Gang hinuntergehen.

Der Anwalt und Vincents Eltern, Viviane und ihr Ehemann Pierre, wollen überprüfen, ob die künstliche Ernährung meines Mannes fortgesetzt wird. Wir sind schockiert. Vincents Schwester und seine Eltern werden laut. Eine Pflegehelferin unterstützt uns und führt uns auf die Terrasse, damit wir frische Luft schnappen können.

Auf dem Weg dorthin begegne ich Vincents Halbbruder. Er senkt den Kopf und brummt »Bonjour«. Wie kann er es wagen? Nein, das ist wirklich kein guter Tag …

Ich setze mich an Vincents Bett. Wie soll ich es ihm erklären? Ich kann ihm nur versichern, dass ich da bin, aber ich habe nicht die Kraft, mehr zu sagen.

Diese Entscheidung des Gerichts empfinde ich wie eine Demütigung. Eine Demütigung für mich und für Vincent. Sie sagen, sie handelten aus Liebe. Das ist eine Liebe, die ich nicht nachvollziehen kann. Wie kann man meinem Mann in Anbetracht dessen, was für ein Mensch er einst war und was er alles erleiden musste, diese Qualen zufügen?

Es tut mir entsetzlich leid für Vincent, und ich habe Schmerzen am ganzen Körper. Ich bin fix und fertig. Physisch und psychisch. Ich fühle mich, als hätte ich einen Schlag ins Gesicht erhalten. Die Nachricht erschüttert mich bis ins Mark. Mir tut alles weh. Ich frage mich, wie ich mich von diesem Schock erholen soll. Ich bin seelisch und körperlich ein Wrack. Und das ist nur der Anfang.

Natürlich hatte die ganze Sache schon im Vorfeld eine Woge von Anfeindungen ausgelöst, und es waren furchtbare Dinge über mich und über uns als Paar im Internet verbreitet worden. Das ist allerdings nur die erste Runde gewesen.

In diesem Mai 2013 wird die nächste Runde eingeläutet, und damit meine ich die ungeheuer massive mediale Berichterstattung. Vincents Schicksal wird die »Lambert-Affäre«. Mein Mann ist nun ein »Fall«.

Sie sprechen viel in ihrem eigenen Namen und in Vincents Namen. Die größten Radiosender Frankreichs bieten ihnen die Möglichkeit, sich zu Wort zu melden. Dieser Druck macht mir Angst. Ein paar Wochen schweige ich. Ich bin eher ein diskreter Mensch, doch schließlich sehe ich mich gezwungen, meine Zurückhaltung abzulegen, um mich zu erklären.

Ich wollte nicht unüberlegt drauflosreden, nicht über persönlichste Dinge sprechen und auch nicht, dass mein Bild benutzt wird. Ich will mein Kind von der Schule abholen können, ohne erkannt zu werden, und nicht mit einem Schild um den Hals herumlaufen. Wie kann ich unsere Normalität aufrechterhalten? Manche Leute behaupten, mein Leben sei nicht mehr normal. Dazu kann ich nur sagen, dass ich eben ein ungewöhnliches Leben führe.

Die Medien fallen über mich her, und das war nicht meine

Entscheidung: Unsere Geschichte wird in die Öffentlichkeit gezerrt, die Identität unseres Kindes bekannt gegeben und ein Foto von Vincent in seinem Krankenhausbett veröffentlicht. Es werden so viele absurde Dinge über seinen Zustand geschrieben.

Mir gefällt es nicht, dass ich dieser Herausforderung gegenüberstehe. Ich habe das Gefühl, Vincent zu verraten und mich auch. Wir sind eher zurückhaltende Menschen, und eine solche öffentliche Diskussion ist uns zuwider. Doch er ist seiner Sprache beraubt, und andere sprechen in seinem Namen. Ich weiß, dass er dieses Leben nicht führen möchte. Er hat mir wiederholt anvertraut, dass er lebensverlängernde Maßnahmen im Falle einer lebensbedrohlichen Krankheit oder einer schweren Behinderung ablehne. Wir sind beide im Pflegedienst tätig, und wir haben darüber gesprochen.

Alle bemächtigen sich unserer Geschichte, der von Vincent und der unserer Ehe, um die Diskussionen infrage zu stellen, die wir beide geführt haben und die für unser beider Schicksal von entscheidender Bedeutung sind.

Mir bleiben von Vincent nur unsere gemeinsamen Jahre. Niemand hat das Recht, unsere Geschichte und das, was uns von unseren Erinnerungen und von unserer Familie bleibt, zu verunglimpfen.

Heute werde ich dreiunddreißig Jahre alt, und das ist ein schwerer Tag für mich. Dreiunddreißig, ein Jahr älter als Vincent war, als er den Unfall hatte.

Ich habe das Gefühl, älter zu sein als er. Vincent altert zwar in seinem Krankenhausbett, aber sein aktives Leben hat mit zweiunddreißig Jahren aufgehört.

Man könnte sich fragen, welche Gefühle mich in all den langen Jahren bewegt haben. Habe ich genug für ihn getan? Hätte ich mehr tun können? Sicherlich nicht …

Im täglichen Leben gibt es zahlreiche Situationen, die mir einen Stich versetzen, wenn ich an Vincent denke. Besonders traurig stimmt es mich, dass ich unser Kind aufwachsen sehe und er nicht. Er verpasst all die kleinen Belanglosigkeiten, die unser tägliches Leben ausmachen und die dennoch eine so große Bedeutung haben.

Und dann all das, was mir fehlt. Niemand kann sich diese Leere vorstellen. Es gibt unzählige Dinge, um die ich trauere: um den Mann, der er einst war, um all das, was ihn ausgemacht hat, um die Kinder, die wir nicht mehr bekommen werden, um das Alter, das wir nicht teilen können, und um all die Dinge, von denen wir träumten.

Man hat mir gesagt, ich solle mich scheiden lassen. Dazu kann ich mich nicht entschließen. Warum sollte ich es auch tun? Ich liebe meinen Mann noch immer.

Inzwischen habe ich ein wenig Abstand gewonnen. Ich musste es tun, um nicht unterzugehen, aber vor allem um mich und mein Kind zu schützen.

Fünf Jahre lang habe ich Vincent fast täglich besucht. Der gewaltige öffentliche Druck des letzten Jahres hat mich wahnsinnig belastet. Ich brauche noch etwas Zeit, um mich innerlich für das, was vor mir liegt, zu wappnen und mich zu sammeln. Meine Tochter hat keinen Vater mehr an ihrer Seite, und daher braucht sie eine Mutter, die ganz für sie da ist. Und ich will, dass sie stolz ist auf die Liebesgeschichte ihrer Eltern und weiß, dass man, wenn man einen Standpunkt hat, diesen auch vertreten muss. Wozu soll es gut sein, einen Standpunkt zu haben, wenn diesem kein Gehör geschenkt wird?

Also kämpfe ich für sie, für ihn und für mich.

Unmittelbar nach dem Unfall war ich innerlich wie ausgebrannt und habe gehofft, dass ich nicht vor Kummer sterbe. *Ihr Mann liegt im künstlichen Koma.* Ich redete mir ein, dass das alles nicht stimmt und er sich wieder erholen wird. Ich hatte gerade ein Baby bekommen, und er hatte keine andere Wahl, als nach Hause zurückzukehren.

Und dann begann der Kampf. Man muss schon hart sein – jedenfalls ein wenig. Um nicht zu zerbrechen, darf man nicht immer nachgeben. Man muss mitunter eine Faust in der Tasche machen, aber man kann sich auch nicht allem stellen und sich nicht ständig verteidigen. Nicht ich war es, die das Mittel der Gewalt gewählt hat. Ich weigere mich, sie so zu benutzen, wie man sie gegen mich einsetzt.

Die einzige Möglichkeit, Vincents Willen zu respektieren, liegt in den Händen der Justiz.

Ich habe jeden Tag an Vincents Bett gesessen. Ich war da, wenn die Pflegekräfte mir schilderten, welchen Schwierigkeiten sie oft gegenüberstehen, welchen Widerstand er gegen die Behandlung geleistet habe und wie unruhig er sei. In solchen Augenblicken habe ich sehr gelitten.

Seine Eltern waren weit entfernt. Wenn man die Realität nicht sieht, kann man vielleicht eher über eine Zukunft fantasieren, die es nicht gibt.

Weil ich ihn liebe, will ich ihn gehen lassen. Weil ich ihn liebe, will ich ihn sterben lassen. Ich trete für meinen Standpunkt ein, weil dieser seinem Willen entspricht. Vincent hat immer wieder gesagt, dass er nicht in einem Zustand der Abhängigkeit leben möchte, sondern frei sein wolle.

Vincent ist mein Ehemann. Vincent ist der Vater meiner Tochter, und heute ist Vincent ein Gefangener – gefangen in seinem Körper. Seit einem Verkehrsunfall vor mehr als fünf Jahren befindet mein Mann sich in einem vegetativen Zustand und liegt reglos im Bett.

Vincent kann sich nicht ausdrücken, also sprechen alle Menschen für ihn. Und ganz Frankreich spricht über ihn. Sterbehilfe und lebensverlängernde Maßnahmen um jeden Preis – Tabuwörter mitten in der Diskussion über das Ende des Lebens. In seinem Krankenhausbett ist Vincent eine Geisel widersprüchlicher Anordnungen. Die Ärzte waren der Meinung, dass es an der Zeit sei, seine Behandlung abzubrechen. Seine Eltern gingen vor Gericht, um dagegen Widerspruch einzulegen.

Ich hoffe, dass mein Mann endlich nicht mehr künstlich am Leben erhalten wird. Ich bin und bleibe diejenige, die er ausgewählt hat. Und darum ergreife ich heute das Wort: Indem ich akzeptiere, dass er geht, rette ich ihm das Leben.

Vincent gehen zu lassen, das ist der letzte Beweis meiner Liebe.

Erster Teil

Unser Leben vor dem Unfall

Ich liebe dich

Wenn die Liebe in das Leben tritt, stellt sie alles auf den Kopf. Unsere Wünsche, unsere Ziele und unsere Überzeugungen ändern sich. Das Herz schlägt laut, und alle Sorgen des alltäglichen Lebens verlieren ihre Bedeutung. Eines Tages sieht man auf einem Gang einen attraktiven Mann, hört den Klang einer Stimme und fühlt sich, ohne zu wissen, warum, ungeheuer zu diesem Menschen hingezogen.

Diese Sprachlosigkeit und Verwirrtheit habe ich als sehr junge Frau erlebt. Ich war einundzwanzig und in der Liebe noch sehr unerfahren. Ein paar nette, kurze Beziehungen, die erwachenden Gefühle einer Jugendlichen, ohne sich vollkommen auf den anderen einzulassen und sich ihm hinzugeben.

Als ich Vincent im Schwesternzimmer sah, war ich sofort von ihm beeindruckt. Dieser gutaussehende, charismatische junge Mann zog mich in seinen Bann.

Ich war mit einundzwanzig Jahren wirklich noch sehr jung. Die Dinge, die mich interessierten, waren ausgehen, in Urlaub fahren und arbeiten. Eigentlich gab es gar keinen Platz für eine große Liebe, die das ganze Leben verändert und die für alles andere keinen Raum mehr lässt.

In einer chaotischen Umgebung, in der Schmerzen und physische wie psychische Leiden den Alltag bestimmen, habe ich mich verliebt.

Bei meiner allerersten Begegnung mit Vincent war ich Krankenpflegeschülerin in der psychiatrischen Abteilung des Krankenhauses in Mont-Saint-Martin in Lothringen. Eine psychiatrische Abteilung mit allem, was dazugehört: Schreie, Tränen, Krisensituationen, eine ständig spürbare Spannung, die jeden Moment explodieren kann.

Ein ungewöhnlicher Ort für eine solche Begegnung, ein ungewöhnlicher Ort, um die Liebe seines Lebens zu treffen.

Wir widmen uns mit Herz und Seele dieser nicht leichten und psychisch sehr anstrengenden Arbeit im Dienste der Patienten. In diesem Beruf opfert man sich auf, um die Leiden der Kranken zu lindern. Man muss sich auf das ganze Team verlassen können, und alle Kollegen arbeiten eng zusammen.

Er fiel mir sofort auf. Als ich Vincent damals zum ersten Mal in diesem Schwesternzimmer traf, war ich beeindruckt. Ich erinnere mich nicht an die Stimmen und das Lachen der anderen in dieser Pause, kaum an einige Gesichter und schon gar nicht an das, worüber sie sprachen.

Ich sehe nur Vincent, diesen hübschen, schlanken Mann mit den braunen Haaren und den dunklen, fast schwarzen Augen. Er hält sich immer ein wenig abseits, ein südländischer Typ und ein ausgesprochener Einzelgänger. Ein scheinbar unnahbarer, geheimnisvoller Mann, der Ruhe und Kraft ausstrahlt, mit einem offenen, mitunter unergründlichen Blick.

Meine Eltern wohnten damals bei ihm nebenan, aber leider war ich ihm noch nie begegnet, wenn ich mit ihrem Hund spazieren ging. Er gestand mir, dass er mich mehrmals vom Fenster aus gesehen habe, wenn ich zu meinen Spaziergängen mit dem Hund aufgebrochen sei. Dieser Mann machte mich neugierig. Gleichzeitig schüchterte er mich aber auch ein, denn er war so selbstbewusst und machte unglaublich professionell seine Arbeit.

Ich bewundere ihn im Krankenhaus bei der Arbeit. Er ist ein sehr guter Krankenpfleger, den alle respektieren. Wenn

Vincent einen Raum betritt, wenden sich ihm alle Blicke zu. Ich höre, dass die anderen ihn loben, weil er immer den Überblick behält. Auf dieser psychiatrischen Station bewahrt er allen Herausforderungen gegenüber stets die Ruhe. Er meistert auch Krisensituationen und hält den notwendigen Abstand zu den Patienten.

Aus all diesen Gründen mag ich Vincent, aber wir spielen nicht in derselben Liga. Er ist fünf Jahre älter als ich und für mich ein unerreichbarer Mann.

Da er oft nachts arbeitet und ich tagsüber Dienst habe, sehen wir uns immer nur kurz. Ab und zu eine Begegnung auf dem Gang, ein verständnisinniger Blick, ein Lächeln, ein schüchternes Hallo. Sonst nichts … Gleichzeitig ist das schon sehr viel. Im Laufe der Monate spüre ich in immer stärkerem Maße eine innere Unruhe, wenn ich ihn sehe, aber ich halte mich zurück, weil ich nicht weiß, wie er dazu steht. Aus Angst, mich in das Unbekannte zu stürzen, gebe ich nichts von meinen Gefühlen preis, und das ist herrlich und qualvoll zugleich.

Wenn ich ihm begegne, bin ich nervös und bekomme Herzklopfen.

Nach dem Abschluss meiner Ausbildung wächst mein Selbstvertrauen. Ich bewerbe mich darum, in der Psychiatrie zu bleiben. Wir gehen immer freundschaftlicher miteinander um.

Abends bei der Übergabe bleibe ich länger, um ein bisschen mit meinen Kollegen zu plaudern, und wenn Vincent Nachtschicht hat, lasse ich mir noch mehr Zeit. Nur um seine Stimme zu hören und um ihm nahe zu sein. Er erwidert mein Lächeln und schaut mich immer häufiger an. Ich weiß noch nicht, wie ich unser mittlerweile recht vertrautes Verhältnis einschätzen soll. Vincent ist Single und kommt bei Frauen gut an.

Seit einiger Zeit sind wir näher zusammengerückt, weil das

Pflegepersonal mit internen Problemen im Krankenhaus zu kämpfen hat. In dieser schwierigen Situation halten wir alle zusammen. Die Arbeit ist furchtbar anstrengend. Das Verhältnis zwischen Vincent und mir wird immer besser.

Während der Pausen treffen sich unsere Blicke, mitunter schüchtern, aber mitunter suchen wir den Blickkontakt auch. Ich denke immer öfter daran, wie es wäre, mit ihm zusammen zu sein. Er ist der Grund, warum ich da bin. Er ist eine zusätzliche Motivation für mich, jeden Tag zur Arbeit zu gehen. Schon allein seine Anwesenheit gibt mir die notwendige Kraft, um die wahnsinnig anstrengende Arbeit auf der psychiatrischen Station mit den psychisch schwer erkrankten Patienten zu meistern.

Er hat begonnen, mir nachts, wenn er arbeitet, kurze SMS zu schreiben – »Frohe Ostern« mitten im Winter. Eine witzige Art, mit jemandem zu flirten, die zeigt, dass er ein wenig unkonventionell und schüchtern ist.

Wenn ich ihn am nächsten Morgen ablöse, sind wir ein wenig verlegen, wenn wir uns begegnen. Wir müssen insgeheim schmunzeln, denn wir haben uns die ganze Nacht SMS geschickt. Niemand hat unsere gegenseitige Anziehung bemerkt.

Während dieser angenehmen schlaflosen Stunden sprechen wir über alles Mögliche. Das, was zwischen den Zeilen der Kurznachrichten steht, deutet daraufhin, dass wir uns näherkommen. Ich schwebe auf Wolken. Wenn mein Handy schließlich aufhört zu klingeln und ich die Augen schließe, um ein paar Stunden zu schlafen, weiß ich, dass ich Vincent am nächsten Morgen wiedersehe. Und dann beginnt unser kleines Spiel von Neuem.

Am Tage halten wir uns zurück, denn wir sind von unserem Naturell her beide zurückhaltende Menschen, nicht sehr mitteilsam, eher schüchtern und wortkarg. Ich spüre, dass es nicht einfach sein wird, ihm seine Geheimnisse zu entlocken und einen Blick in seine Seele zu werfen.

Wenn wir uns nachts SMS schreiben, geben wir aus dieser sicheren Entfernung mehr von uns und unseren Gefühlen preis. Ich lerne meine romantische Seite kennen. Noch wage ich es nicht, mir einzugestehen, dass eine Beziehung zwischen Vincent und mir möglich ist.

Die Wochen vergehen, und ich spüre, dass ich für ihn mehr bin als nur eine gute Arbeitskollegin. Vincent, der sehr häuslich ist, besteht darauf, dass wir am Abend ausgehen. Wir wollen mit Freunden durch die Kneipen ziehen und irgendwo etwas trinken gehen. So ein Abend mit Freunden bietet uns die Möglichkeit, nach der anstrengenden Arbeit abzuschalten.

Jedes Mal, wenn wir ausgehen, fühle ich mich Vincent näher. Auch wenn er scheu und unerreichbar bleibt, lässt er sich doch immer mehr ein. Zwei Jahre nach unserer ersten Begegnung küssen wir uns zum ersten Mal.

Zu Beginn unserer Beziehung wohnen wir nicht weit voneinander entfernt. Es sind nur fünf Minuten mit dem Auto. An einem Nachmittag telefonieren wir tatsächlich vier Stunden miteinander, obwohl wir beide in der Regel eher schweigsam sind. Mitunter sind wir zusammen, ohne etwas zu sagen, und das ist keineswegs unangenehm. Allein die Gesellschaft des anderen genügt uns.

Es beruhigt mich, wenn er in meiner Nähe ist, doch sein oft unergründlicher Blick verwirrt mich. Obwohl ich Vincents Hand auf meiner Haut spüre und seinen Atem auf meiner Wange, wenn er sich mir nähert, habe ich das Gefühl, dass er sich nicht ganz auf die Beziehung einlässt.

Wir sehnen uns beide nach einem ruhigen Leben. Wir haben nicht vor zusammenzuziehen, aber ich bin immer häufiger

bei ihm. Und eines Tages bleibe ich ... Wir sind unzertrenn-
lich geworden. Die Arbeit, derselbe Sinn für – oft schwarzen –
Humor und dieselbe zurückhaltende Art schweißen uns zusammen. Vincent spricht mit mir über sein Leben und seine
Familie.

Es ist sein neunundzwanzigster Geburtstag, als wir mit dem
Wagen zu einer Ferienanlage der Kette Center Park fahren.
Während der Fahrt sprechen wir nicht viel. Stille Momente,
wie wir sie lieben.

Plötzlich beginnt Vincent in kühlem, distanziertem, sachli-
chem Ton und ohne Groll über seine Familie zu sprechen: Er
hat acht Geschwister und wächst in einem traditionalistischen
katholischen Elternhaus auf. Die strengen Moralvorstellungen
nehmen ihm die Luft zum Atmen. Er beschreibt seine Kindheit
als schwierig. Die Familie wohnt in Châteauroux und dann in
Rethel in den Ardennen. Er ist noch sehr jung, als seine Eltern ihn in einem privaten Internat in der Nähe von Carcas-
sonne anmelden. Vincent spricht in gleichförmigem, unbe-
teiligtem Ton. Es ist das erste Mal, dass er so ausführlich über
seine Kindheit und seine Familie spricht, und ich unterbreche
ihn nicht.

Er öffnet sich vollkommen und vertraut mir seine Verletzungen an. Ich schweige. Durch das, was ich dazu sagen könnte,
hätte sich nicht viel geändert.

Es herrscht wieder Schweigen im Auto. Die Zeit bleibt stehen, und wir nehmen die Landschaft, die an uns vorüberzieht,
kaum wahr.

Vincents Offenheit stärkt unsere Beziehung. Wie einsam muss
mein Mann sich in all den Jahren gefühlt haben, als er trotz all
seiner Verletzungen versucht hat, sich ein eigenes Leben aufzu-

bauen. Gemeinsam sind wir stark. Wir genießen den Urlaub und das Leben.

Nach dieser Reise ist unsere Beziehung noch enger als zuvor. Bei einigen dauert die Liebe nur so lange, bis ein Lied verklungen ist. Wir lieben uns bis in alle Ewigkeit.

»Werde meine Frau«

Es ist sehr eng in dem Büro des Amtsgerichts in Longwy. Meine Schwester und ihr Verlobter sind gekommen.

Vincent und ich sind ein wenig eingeschüchtert, obwohl es kein besonders festlicher Ort ist. Ein Gericht, um unsere wachsende Liebe bekanntzugeben. Es gibt Romantischeres. Um unsere Liebe zu besiegeln, um offiziell bestätigen zu lassen, dass wir ein Paar sind, und um von dem Status des berufstätigen Paares zu profitieren, haben wir uns entschlossen, eine eingetragene Partnerschaft einzugehen. Vincent möchte nicht heiraten.

Ein Stempel, und schon ist alles erledigt. Jetzt bin ich ein bisschen mehr seine Frau, und er ist ein bisschen mehr mein Mann.

Als wir wieder zu Hause sind, nimmt Vincent mich in die Arme und setzt sich mit mir auf die Couch.

»Jetzt ist der richtige Zeitpunkt, um unsere kleinen Geschenke auszutauschen, Rachou ...«

Er gibt mir den Ring, den wir gemeinsam im Internet ausgesucht haben, einen schlichten Ehering aus Weißgold. Acht Jahre später habe ich ihn noch immer. Er liegt in meiner Handtasche und begleitet mich jeden Tag. Ich bewahre ihn sorgfältig für meine Tochter auf.

»Vielen Dank, Vincent, der Ring ist wunderschön. Du weißt, dass ich auch ein Geschenk für dich habe. Den kleinen Aschenbecher!«

Es sind keine großen Geschenke. Sie sollen nur mit dazu beitragen, dass wir diesen Tag als etwas Besonderes in Erinnerung behalten.

Wir lächeln und sind glücklich.

»Ich möchte eine kleine Tochter haben, ein kleines, blondes Mädchen.«

»Was?«

»Ich möchte eines Tages ein kleines, blondes Mädchen haben. Wie die Schauspielerin Dakota Fanning, verstehst du?«

Vincent hatte so oft gesagt, dass er keine Kinder haben wolle. Ich kann ihn verstehen, auch wenn es für mich schwierig ist, meinen Wunsch, Mutter zu werden, aufzugeben. Ich spreche nie mit ihm darüber. Meine Liebe zu ihm ist stark und rein. Ich würde ihn niemals zu etwas zwingen, doch im Laufe der Zeit wird dieser Wunsch immer konkreter. Vincent sagt, dass er sich gut vorstellen könne, Vater eines kleinen Mädchens zu sein.

»Ich möchte Kinder haben, und wenn wir sie großgezogen haben und unsere Liebe diese Herausforderung gemeistert hat, heiraten wir. Unsere Kinder sollen unsere Trauzeugen sein.«

Der Wunsch zu heiraten ist also geboren. Vincent, der sich nicht gerne den Konventionen beugt, glaubt nun, dass er es tun könnte. Doch wie es seine Art ist, hat er sich etwas ausgedacht, das sich nicht so starr an der Tradition orientiert. Er hat recht. Die Idee zu heiraten, wenn die Kinder groß sind, ist sinnvoll. Die Hochzeit als Belohnung, als Krönung einer erfüllten Partnerschaft und eine Möglichkeit, selbst über den Zeitpunkt der Hochzeit zu entscheiden und sie nicht als unvermeidliches, vorschnell vollzogenes Ritual zu begreifen, um sich Klarheit über seine Gefühle zu verschaffen.

Wie ernst es ihm ist, das beweist Vincent mir in unserem täglichen Zusammenleben. Kleine, zärtliche Gesten vor der Arbeit, freundliche Blicke, die wir im Krankenhaus wechseln, und vor allem grenzenloses Vertrauen. Ich glaube an unsere Liebe.

»Vincent … Komm, wir schauen uns heute Nachmittag Eheringe an …«

Ich genieße mein Bad. Wir haben beide frei. Ein Tag nur für uns allein. Ein Tag, an dem wir nur herumalbern und unser Lieblingsspiel spielen: »Und wenn wir heiraten würden …?«

Heute bin ich die Spielleiterin. Das Spiel kann beginnen.

»Okay, dann lass uns fahren!«

Er lässt sich darauf ein. Wir fahren nach Reims und schauen uns bei den Juwelieren um.

»Und der da, der ist nicht schlecht, oder?«

»Ja, er gefällt mir gut, aber ich finde, er ist ein bisschen zu auffällig … Ich suche einen feineren, dezenteren Ring.«

»Also ein Ring, der dir ähnelt …«

Ich probiere verschiedene Eheringe an. Ich kann es kaum fassen, dass ich mit Vincent bei einem Juwelier bin und wir uns wie ein zukünftiges junges Ehepaar verhalten.

Es kommt mir alles so unwirklich vor. Am Abend nach dem Essen beschließe ich, noch einmal darauf hinzuweisen, dass es sich nur um ein Spiel gehandelt habe.

»Ich fand den Tag heute wunderschön, aber das war alles nur ein Spaß, nicht wahr?«

»Nein, ganz und gar nicht!«

Ich bin verblüfft. Damit hatte ich nicht gerechnet. Er überrascht mich immer wieder.

»Vincent, du brauchst diese Entscheidung nicht zu fällen, nur um mir einen Gefallen zu tun. Du musst es wirklich wollen. Am besten, wir verbringen erst einmal wie geplant unseren Urlaub in Ägypten, und anschließend sehen wir weiter …«

Mitten im Dezember genießen wir die Sonne. Vincent spricht wieder über die Hochzeit. Er gesteht mir, dass er hier im Urlaub um meine Hand habe anhalten wollen. Nach unserem Bummel durch die Juweliergeschäfte kann er mich damit nun natürlich nicht mehr überraschen. Er kniet sich nicht vor mir nieder, aber ich bin im siebten Himmel.

»Wir könnten den April ins Auge fassen. Ich glaube, man braucht keine lange Frist einzuhalten, um sich zu einer Eheschließung anzumelden. Eine schlichte Hochzeit, aber wir sollten etwas Geld zurücklegen, um eine richtige Hochzeitsreise zu machen.«

»Am 3. April habe ich Geburtstag. In der Woche vielleicht?«

Der Termin sei ungünstig, sagt der Priester des Dorfes zu uns. Das ist die Karwoche, und in der Woche möchte er keine Trauung vollziehen. Vielleicht ein erstes Anzeichen für unsere Meinungsverschiedenheiten mit der Kirche ...

Dennoch möchten wir kirchlich heiraten. Weil es Tradition ist und auch, um unseren Familien eine Freude zu machen. Aber am wichtigsten ist es in unseren Augen, offiziell den Bund fürs Leben zu schließen und einander in feierlicher Atmosphäre ewige Liebe und Treue zu geloben.

Auch ich stamme aus einem katholischen Elternhaus, doch im Gegensatz zu Vincents Familie waren wir keine eifrigen Kirchgänger.

Mit meiner fünf Jahre jüngeren Schwester besuchte ich den Katechismus-Unterricht in der Kirche. Am Palmsonntag wurden wir losgeschickt, um Mistelzweige zu schneiden. Ich hatte eine sehr gläubige Großmutter mit polnischen Wurzeln, und die andere war praktizierende Katholikin. Als Jugendliche glaubte ich an Gott. Ein paar Jahre habe ich Kranke auf ihrer Pilgerfahrt nach Lourdes begleitet.

Lourdes und seine »Wunder« lernte ich zufällig durch einen Klassenkameraden kennen, der oft mit seiner Familie dorthin fuhr. Im Grunde waren diese Fahrten unbeschwerte Ferien und auch ein Stück gelebte Nächstenliebe. Abends feierten wir Partys, und wir schliefen nicht viel.

In Lourdes entschloss ich mich auch, Krankenschwester zu werden.

Heute begreife ich, dass ich immer auf irgendeine Art und Weise gläubig war, doch dieser Glaube unterlag im Laufe der Jahre großen Schwankungen. Ich war auf der Suche und habe viel gelesen. Dadurch wurde es noch komplizierter, denn ich fühlte mich eher zur Spiritualität hingezogen als zu strengen Lehrmeinungen. Als ich sah, wozu die Menschen fähig sind und dass die Religion von Menschen gemacht wurde, sagte ich mir, dass die Spiritualität mächtiger ist: Sie ist göttlicher Natur.

Ich war lange ein gläubiger Mensch, aber ich verabscheue es, wozu gewisse Leute die Religion missbrauchen. Das Glaubensbekenntnis kann sehr irritierend sein. Die Menschen können im Namen Gottes Macht über das Leben anderer ausüben. Das ist empörend. Ich sehne mich für meine Familie nach Freiheit und Seelenfrieden. Es ist nur schwer zu akzeptieren, dass kirchliche Autoritäten als höchste Instanz angesehen werden.

14. April 2007. Gleich steige ich aus dem Auto, das mich zum Rathaus gebracht hat. Seitdem ich mein Brautkleid bekommen habe, lebe ich in einem Rausch der Gefühle. Ich kann nicht mehr aufhören zu weinen.

In nicht einmal fünf Minuten werde ich das Rathaus betreten. Mir dreht sich der Kopf. Sie stehen alle auf dem Kirchenvorplatz: meine Eltern, Freunde, Vincents Familie. Ich nehme nur verschwommene Silhouetten wahr und kann die Gesichter nicht deutlich erkennen.

Der Tag hat soeben erst begonnen, und ich bin schon jetzt überwältigt. Ich zweifle nicht an den tiefen Gefühlen, die ich Vincent entgegenbringe. Ich muss mich zusammenreißen. Und dann sehe ich ihn in seinem schicken Anzug, eleganter denn je, so selbstbewusst und so stark. Vincent Lambert möchte, dass ich seine Frau werde, und ich weiß, dass es für immer ist.

Schließlich fasse ich mir ein Herz und steige aus. In meinem Brautkleid finde ich mich wunderschön. Vincent sieht mich und mustert mich mit strahlenden Augen. Er kommt auf mich zu und flüstert mir ins Ohr: »Du bist viel zu schön!«

Nach einer kurzen, aber sehr eindrucksvollen Trauungszeremonie beim Bürgermeister überqueren wir die Straße und gehen auf die Kirche zu. Das Wetter ist schön, wir sind auf dem Lande. Ein Tag wie für uns geschaffen.

Nach der standesamtlichen Trauung gelingt es mir, die Fassung zu wahren. Am Arm meines Vaters schreite ich zum Altar. Ich breche in Tränen aus. Ich habe das Gefühl, vor den Augen der Menschen, die mir nahestehen, eine Frau zu werden. Und mehr denn je Vincents Frau. Alle sind gekommen, und unsere Familien sind vereint. Dies ist ein wahrer Freudentag, und alle sind glücklich.

Ich stehe vor dem Priester und beginne erneut zu weinen. Als wir einander ewige Liebe und Treue geloben, gewinne ich meine Fassung wieder. Ich glaube, alle hören das »Ja«, das mich von nun an mit Vincent verbindet.

Wir geloben einander, bis zum Ende unseres Lebens zusammenzubleiben, was auch immer geschehen mag. Ein bedingungsloses Versprechen. In dieser Kirche schlagen wir ein neues Kapitel unserer Beziehung auf. Wir sind nun Mann und Frau und verlassen Vater und Mutter, um eine eigene Familie zu gründen.

Es fällt mir schwer, mir den Film unserer Hochzeit anzusehen. Man darf nicht den Fehler begehen, in der Vergangenheit zu leben. Dieses glückliche Ereignis bewahre ich wie einen Schatz in meinem Herzen auf.

Ich muss nach vorn schauen. Nur selten habe ich das Bedürfnis, mir den Film noch einmal anzusehen. Ab und zu kommt es vor, wenn ich das Gefühl habe, dass andere mir den Status als Vincents Ehefrau aberkennen wollen und so tun, als hätte es unsere Ehe nie gegeben. Dann schaue ich mir den Film an, um mich daran zu erinnern, dass all das tatsächlich existiert hat und niemand das Recht besitzt, dies in Frage zu stellen. Diese Ehe ist mein kleiner Schatz und vor allem das Vermächtnis für meine Tochter.

Wir machen zwei Wochen Urlaub in der Dominikanischen Republik. Wir verfolgen die politische Diskussion zwischen den beiden Wahlgängen der Präsidentschaftswahl, bei der Ségolène Royal und Nicolas Sarkozy gegeneinander antreten. Nach dem Urlaub setzen wir unser angenehmes Leben fort. Wir genießen unser alltägliches Glück, zu dem stets liebevolle Gesten und kleine Aufmerksamkeiten gehören.

Jedenfalls sind wir nicht gern immer in Aktion. Wir sind eher »Müßiggänger« und lieben besinnliche Stunden, erfreuen uns an den kleinen Dingen des Lebens.

Da wir beide in Châlons-en-Champagne arbeiten und nicht in der Stadt wohnen möchten, mieten wir uns ein kleines Haus auf dem Lande mit einem aufblasbaren Planschbecken im Garten. Wir leben ein wenig zurückgezogen, weitab von der Hektik der Stadt. Wir genießen das Leben, essen gerne gut und schauen uns Filme im Fernsehen an.

»Wir sind schon fast wie ein altes Ehepaar. Wir sind so häuslich ...«

»Ja, aber uns geht es sehr gut. Dieses Leben passt zu uns.«

»Es fehlt nur noch eins zu unserem Glück.«

»Mach dir keine Sorgen, Rachou, wir werden es bekommen, unser hübsches, kleines Mädchen mit den blauen Augen ...«

Unser Zuhause

Es sieht fast so aus, als würde Vincent heute versuchen, das Schicksal zu beschwören, damit wir das Leben führen können, das wir uns wünschen. Er legt Champagner in den Kofferraum des Autos.

Nach meiner ersten Ultraschalluntersuchung hält der Arzt es für möglich, dass es ein Mädchen ist.

Vincent hat recht behalten. Fehlgeburt, Spritzen, tausend Untersuchungen, die alle negativ ausfielen, konnten uns nicht von unserem Traum abbringen, ein Kind zu bekommen. Nachdem wir vor ein paar Wochen aus dem Urlaub zurückgekehrt sind und beide wieder arbeiten, habe ich einen Schwangerschaftstest gemacht, ohne es Vincent zu sagen: positiv.

Ich erzähle es ihm, und wir fahren sofort zum Arzt, um Gewissheit zu haben. Unsere Familien lassen wir nicht gleich an unserem Glück teilhaben. Wir wollen erst einmal abwarten. Aber unsere Freude ist so groß, dass wir das Geheimnis nicht lange für uns behalten können.

Die zweite Ultraschalluntersuchung: Es ist tatsächlich ein Mädchen. Vincent beginnt beim Arzt zu weinen.

Sogar bei unserer Hochzeit, als die Emotionen ihren Höhepunkt erreichten, bemühte er sich angestrengt, die Fassung zu wahren. Wir betrachten unser Baby auf dem Monitor. Vincent hält während der Untersuchung die ganze Zeit meine Hand. Das Kind, das aus unserer Liebe zueinander entstanden ist, bewegt sich. Wir sehen sein Herz, das schlägt, den kleinen Kopf und die winzigen Arme.

Um sicherzustellen, dass ich keine Fehlgeburt erleide, muss ich zu Hause bleiben. Die Hebamme kommt jeden zweiten Tag. Vincent kümmert sich rührend um mich und erfüllt mir jeden Wunsch. Er macht den Haushalt und bügelt, und das nicht nur in dieser besonderen Situation. Er ist immer sehr hilfsbereit.

Trotz der Angst, das Baby zu verlieren, fühle ich mich wohl in unserem Haus. Ich werde die Erinnerung an diese Oase des Friedens jeden Tag in meinem Herzen bewahren. Sie wird für immer ein Teil von Vincent und mir und ein Teil unserer Familie bleiben.

Dieses Haus wird das unserer Ehe und unseres wachsenden Glücks bleiben, unsere Zufluchtsstätte und das erste Zuhause unserer Tochter nach der Geburt.

Ich kann dir niemals genug dafür danken, dass du mir ein so hübsches, kleines Mädchen geschenkt hast

Das Handy vibriert. Eine SMS von Vincent wie damals zu Beginn unserer Beziehung, als er mir nachts in seiner ersten Verliebtheit SMS schrieb. Ich drücke mein Baby an mich. Es ist nur wenige Stunden alt und saugt schon an meiner Brust. Ich ertappe mich bei dem Gedanken: Es ist schön, Mutter zu sein.

Nach den beschwerlichen, schmerzvollen Stunden der Wehen und der Geburt finde ich keinen Schlaf. Das kleine Wesen saugt an meiner Brust, und ich spüre seinen Herzschlag. Nachdem wir unser kleines Mädchen nun haben, kann uns nichts und niemand mehr etwas anhaben. Wir sind die glücklichsten Menschen der Welt.

Vincents SMS beweist seine Freude, Vater zu sein, und seine Liebe zu mir, der Frau, die sein Kind zur Welt gebracht hat.

Ich bin stolz, die Mutter des kleinen Mädchens und die Mutter seiner Tochter zu sein.

Den Vornamen, der für uns eine besondere Bedeutung hat, haben wir gemeinsam ausgesucht. Diesbezüglich haben wir nicht denselben Geschmack. Vincent gefallen klassische Namen wie Delphine gut.

Sanftes Licht. Es ist spät am Nachmittag. Der Sommer neigt sich seinem Ende zu, doch noch ist es oft schön. Seit fast einem Monat leben wir in unserer Oase des Glücks. Es gibt nur Vincent, das Baby und mich. Unser Trio, unsere kleine Familie, bildet eine so starke Einheit, dass sie gegen alle Einflüsse von außen gewappnet ist.

Vincent kann bei uns zu Hause bleiben. Er hat Vaterschaftsurlaub genommen. Heute Nachmittag sind Vincent und ich mit der Kleinen im Dorf spazieren gegangen. Er hat ihre Windel gewechselt und mich lange beim Stillen beobachtet. Er macht immer wieder Fotos von uns beiden.

»Ich finde das wunderschön. Ich finde euch beide wunderschön. Von diesem Anblick kann ich niemals genug bekommen ...«

Wir haben unsere Aufgaben aufgeteilt. Ich stille das Kind, und er wechselt die Windeln. Vorhin habe ich im Schlafzimmer schallend gelacht, als ich sah, dass unser Baby Vincent von Kopf bis Fuß nassgemacht hat. Er fand das nicht etwa widerlich, sondern sogar lustig. Er hatte das Gefühl, das Leben richtig zu spüren und eine totale, bedingungslose Einheit mit seiner Tochter zu bilden.

Ich betrachte die beiden. Sie sind eingeschlafen. Sobald sie sich aneinanderkuscheln, nehme ich meinen Fotoapparat in die Hand und mache Fotos. Die Kleine schmiegt sich an ihren Vater, der friedlich schläft.

Die ersten beiden Monate nach der Geburt unserer Tochter sind die schönste Zeit meines Lebens. Wir genießen jeden einzelnen Augenblick. Doch da ist dieses unbestimmte Gefühl, dass unser Glück in Gefahr sein könnte, eine unerklärliche Furcht, dass all das plötzlich zu Ende ist.

»Ihr Mann hatte einen Unfall«

29. September 2008. An diesem Morgen habe ich meiner Tochter ihr schönstes Kleid angezogen. Vincent macht ein Foto. Wir wollen Bilder der Kleinen an die Gäste schicken, die zur Taufe gekommen sind. Die Feier fand vor ein paar Tagen statt, und wir wollen uns für die Geschenke bedanken.

Wir haben ein schönes Wochenende bei Freunden verbracht und gemeinsam mit ihnen zu Abend gegessen. Nachdem Vincent die Fotos gemacht hat, isst er und legt sich anschließend kurz auf die Couch. Ich betrachte ihn, während er schläft. Das mache ich immer wieder gerne. Er schläft zwanzig Minuten, ein kurzer Mittagsschlaf, um für die anstehende Arbeit im Krankenhaus Kraft zu tanken. Anschließend steigt er die Treppe hinauf und gibt der Kleinen, die in ihrem Kinderbettchen schläft, einen Kuss.

»Vincent, ich muss noch in Châlons Besorgungen machen. Soll ich dich zum Krankenhaus fahren?«

»Das ist lieb von dir. Wenn du möchtest ...«

»Ach, das geht gar nicht. Du musst ja bis 21.00 Uhr arbeiten, das ist zu spät für das Baby.«

»Okay, dann vielleicht morgen ...«

Der Nachmittag bricht soeben an. Vincent hat seiner Tochter einen Kuss gegeben und kommt ins Wohnzimmer, um auch mir einen Abschiedskuss zu geben.

»Ich hoffe, der Tag geht schnell vorbei, damit ich bald wieder bei euch bin.«

Er löst sich aus der Umarmung, geht auf die Tür zu und dreht sich zu mir um.

»Ich liebe dich.« Die Tür schließt sich hinter ihm.

Am Anfang unserer Beziehung haben wir diesen Satz beide nicht ausgesprochen. Wir hatten unser eigenes Vokabular und benutzten andere Formulierungen, um uns unsere Liebe zu gestehen. Doch irgendwann überwanden wir unsere Schüchternheit.

In diesem Augenblick deutet nichts auf eine Katastrophe hin.

Ich bin noch im Bademantel und steige die Treppe zum Schlafzimmer hinauf, um mich fertigzumachen, als es an der Tür klingelt. Ich habe keine Lust, die Tür zu öffnen. Ich nehme an, dass es die Nachbarn sind. Doch als es erneut klingelt, gehe ich die Treppe hinunter. Ich sehe die Polizisten. Mein erster Gedanke ist, dass es Ärger gibt, weil Vincents altes Auto vor dem Haus steht. Ich bin sicher, dass wir eine Geldbuße bezahlen müssen. Einer der beiden Polizisten fragt mich, ob sie hereinkommen könnten. Ich habe das Baby auf dem Arm. Es ist durch das Klingeln aufgewacht.

»Würden Sie das Baby bitte in den Tragekorb legen?«

Das tue ich. Mir ist klar, dass die Polizisten nicht gekommen sind, um mir eine gute Nachricht zu überbringen, aber ich rechne nicht mit dem Schlimmsten.

»Ihr Mann hatte einen Verkehrsunfall. Wir möchten Ihnen nicht verschweigen, dass es ein schwerer Unfall war. Sein Zustand ist kritisch.«

Ich kann mich nicht erinnern, was ich erwidert habe. Ich weiß, dass ich ins Krankenhaus fahren muss. Ohne nachzudenken, treffe ich die Vorbereitungen. Ich mache die Kleine fertig und packe eine Tasche mit Windeln und Kleidung zum Wechseln. Die Polizisten gehen einen Moment hinaus und kehren dann zurück.

»Sollen wir Sie zum Krankenhaus bringen?«

Ich hatte mir gerade überlegt, ein Taxi zu nehmen. Unser Zweitwagen ist kaputt.

»Madame, Sie können nicht alleine fahren …«

Die Freundin, bei der wir das Wochenende verbracht haben, ist Pflegehelferin. Ich weiß, dass sie heute Nachmittag frei hat. Ich will sie anrufen, aber mein Handy-Guthaben ist aufgebraucht. Alles läuft schief. Es gelingt mir auch nicht, die richtige Pin meiner Kreditkarte einzugeben. Einer der beiden Polizisten bietet mir sein Handy an. Schließlich rufe ich meine Freundin an. Sie willigt ein, mich zum Krankenhaus zu fahren. Vorher muss sie ihre Tochter aber von der Schule abholen. Ich ziehe eine Latzhose an, die ich während der Schwangerschaft getragen habe. Die Kleine ist ruhig und die Tasche gepackt.

Glück und Zufriedenheit hängen an einem seidenen Faden. Das wunderbare Leben unserer kleinen Familie, das gerade erst beginnt, ist sehr zerbrechlich. Plötzlich geschieht das Ungeheuere, und in dem Augenblick, als wir unser Leben aufbauen, wird es uns entrissen.

Eines Morgens steht man auf, ohne zu ahnen, dass ein paar Stunden später nichts mehr so sein wird wie zuvor.

Am 29. September 2008 gerät mein Leben, unser Leben, aus den Fugen.

Er darf nicht sterben

Die Notaufnahme des Krankenhauses in Châlons: Im Wartezimmer ist es brechend voll. Ich sitze dort mit meinem Baby, das in seinem Tragekorb liegt. Ich will Vincent sofort sehen. Ich kann nicht geduldig warten an diesem Ort der Angst, an dem man sich das Schlimmste ausmalt und das Beste erhofft.

Also gehe ich zur Anmeldung und erkläre, dass mein Mann einen Verkehrsunfall gehabt habe. Doch ich muss mich gedulden. Schließlich darf ich Vincent kurz sehen. Er ist ohne Bewusstsein und wird beatmet, er bekommt Infusionen und ist mit mehreren Überwachungsmonitoren verbunden. Ein Arzt vom Rettungsdienst will mit mir sprechen.

»Guten Tag. Ich bin der Arzt, der Ihren Mann am Unfallort versorgt hat. Ihr Mann hat ein Schädelhirntrauma erlitten. Wir haben ein CT gemacht. Es zeigt sich eine starke Einblutung im Frontalbereich des Schädels. Wir müssen das Blut entfernen.«

»Wird er wieder gesund?«, frage ich.

»Er wird ein paar Wochen auf der Intensivstation bleiben, und anschließend beginnen wir mit einer Frührehabilitation.«

Ich rufe Vincents Schwester an. Sie wohnt in Reims. Der Anrufbeantworter springt an. Beim zweiten Versuch hebt sie ab.

»Alles klar bei dir?«

»Nein, dein Bruder hatte einen Unfall. Du musst kommen. Er ist in der Notaufnahme …«

Ich weiß nicht, was ich machen soll. Die Zeit vergeht schnell und langsam zugleich. Meine Freundin und ihre Tochter bleiben, um mich zu unterstützen. Mein Baby beginnt zu weinen.

Um mein Kind zu stillen, gehe ich ins Wartezimmer, auch wenn das nicht gerade der ideale Ort für diesen intimen Augenblick ist. Ich versuche zu vergessen, wo und in welcher Situation ich mich befinde, obwohl ich an nichts anderes als an Vincent denken kann.

Mit geschlossenen Augen konzentriere ich mich auf mein Baby.

Ein Halbbruder von Vincent kommt. Ich weine und kann keinen klaren Gedanken fassen. Ich weiß, was passiert ist, ohne es wirklich zu begreifen, bin beunruhigt und zugleich auf eine merkwürdige Art und Weise ruhig. Vincent ist im Krankenhaus, und die Ärzte kümmern sich um ihn. Ich sage mir, dass er ein paar Wochen im Krankenhaus bleiben muss und nach Rehabilitationsmaßnahmen wieder gesund wird.

Vincent muss so schnell wie möglich auf die Intensivstation gebracht werden.

Seine Schwester ist gekommen.

Die Stunden und Minuten verrinnen, doch ich habe jedes Zeitgefühl verloren. Eine Stimme holt mich in die Gegenwart zurück.

»Madame Lambert, kommen Sie bitte mit.« Ein Arzt geht mit mir einen Gang hinunter, der hell erleuchtet ist.

»Es gibt vier Möglichkeiten. Es ist möglich, dass Ihr Mann wieder gesund wird, ohne dass Schäden zurückbleiben. Oder er stirbt. Oder er stirbt zwar nicht, wacht aber nicht wieder auf. Oder er überlebt, aber mit schweren Einschränkungen seiner sensorischen und motorischen Fähigkeiten.«

Ich verstehe nur, dass es zwei Möglichkeiten gibt. Ich kann mir eine Alternative zwischen Leben und Tod nicht vorstellen.

Und da Vincent auf gar keinen Fall sterben darf, muss er überleben. Sein Tod wäre so sinnlos.

»Er darf nicht sterben. Er ist doch noch so jung.«

Ich wiederhole diesen Satz immer wieder, um mich zu beruhigen. Vincent ist zweiunddreißig. Ich bin siebenundzwanzig, und unsere Tochter ist erst zwei Monate alt. Ich weiß nicht, warum er nicht überleben sollte. Wir sind jung, und wir haben ein Kind. All das deutet auf das Leben hin und nicht auf den Tod.

Ich fürchte mich vor dem Tod. Er ist zum Greifen nahe. Dennoch gelingt es mir nicht, die Möglichkeit in Betracht zu ziehen, dass Vincent stirbt, auch wenn der Arzt davon gesprochen hat. Ich weiß zwar, dass Menschen brutal aus dem Leben gerissen werden. Ich bin Krankenschwester und habe das oft erlebt. Allerdings kann ich mir nicht vorstellen, dass gerade uns dieses Schicksal treffen könnte.

Unser Leben beginnt erst. Unser Leben als Paar, unser Leben als Eltern. Es ist unmöglich, dass er jetzt stirbt, nachdem er gerade Vater des kleinen Mädchens geworden ist, das er sich so sehr gewünscht hat. Es ist unvorstellbar, dass er die Kleine nicht aufwachsen sieht. Das ergibt doch keinen Sinn.

Vincent, der doch immer gesagt hat: »Ich werde jung sterben«, fügte in letzter Zeit seinen Sätzen hinzu: »… wenn wir alt sind.«

Dort auf dem Gang des Krankenhauses gehen mir die Worte, die Vincent so oft gesagt hat, nicht aus dem Kopf. Diese Vorstellung, die ich nie ernst genommen habe. Vincent lebte mit dieser fixen Idee, dass der Tod nahe war. Dieser sonderbare Gedanke, dass unser Glück vergänglich ist und alles von heute auf morgen vorbei sein könnte, hat mich immer wieder schockiert.

Als ich auf dem unbequemen Stuhl sitze, schließe ich die Augen und höre mich sagen: »Ich liebe dich«, diese Worte, die

Vincent noch vor wenigen Stunden ausgesprochen hat, wenige Minuten vor seinem Unfall.

Die letzten Worte für den Rest seines Lebens …

Ich öffne die Augen. Wir sind seit Stunden im Krankenhaus. Ich mache mir Sorgen um die Kleine. Ich habe noch nicht abgestillt und Angst, dass ich wegen des Schocks am Abend keine Milch für sie haben werde. Ich spreche mit einer Krankenschwester. Sie geht zur Kinderstation, um eine fertige Flasche zu holen.

»Sie sollten nach Hause fahren und sich ausruhen. Sie und Ihr Baby auch. Wir rufen Sie an, sobald es etwas Neues gibt.«

Ich fahre mit meinem Schwager und meiner Schwägerin nach Hause. Es ist spät geworden. Wir sprechen nicht viel. Ich bin erschöpft. Ich habe das Gefühl, von einer Expedition zurückzukehren, und begreife nicht, was geschehen ist. Ich kann keinen klaren Gedanken fassen, bin vollkommen handlungsunfähig. Ich bin zu Hause und gleichzeitig woanders, nehme die Realität wie durch einen Schleier wahr.

In der Küche höre ich Teller klappern. Vincents Schwester kocht Nudeln für uns. Ich gehe zu ihr.

Sie und ihr Bruder bleiben über Nacht.

Ich gehe mit meiner Tochter ins Schlafzimmer. Ich kann nicht schlafen, denn ich warte auf den Anruf aus dem Krankenhaus. Ich fühle mich wie ein Zombie und fahre beim geringsten Geräusch hoch. Allein liege ich in dem großen, kalten Bett. Wird Vincent eines Tages zurückkehren und es wärmen?

In der vergangenen Nacht habe ich mich noch an ihn geschmiegt. Als das Telefon klingelt, erwache ich aus meinem Trancezustand.

»Madame Lambert, wir hatten Probleme, den zentralen Venenkatheter zu legen, aber jetzt ist Ihr Mann versorgt. Sie können ihn jederzeit besuchen.«

Vincent, ich bin da

Meine Kehle ist wie zugeschnürt. Wie erstarrt stehe ich vor dem Zimmer der Intensivstation. Ich habe Angst, es zu betreten, Angst vor dem, was ich sehen werde. Meine Angst ist so groß, dass sich mein Magen verkrampft. Meine Tochter schläft in ihrem Tragekorb. Meine Schwägerin passt auf sie auf. Ich muss die Tür öffnen und mich der Realität stellen.

»Madame, ziehen Sie bitte den Kittel hier über.« Eine Krankenschwester begleitet mich in das Zimmer.

Vincent hängt an noch mehr Schläuchen als heute Nachmittag. Er hat einen zentralen Venenkatheter und einen Katheter, um den Hirndruck zu messen. Er ist an medizinischen Apparaten angeschlossen, auf deren Monitoren grüne und rote Kurven ununterbrochen den Rhythmus seiner Atmung, seinen Blutdruck und die kaum wahrnehmbare Pulsfrequenz anzeigen, was beweist, dass noch Leben in ihm ist.

»Vincent, ich bin da ... Ich bin's, Rachel ...«, murmle ich. Woher soll ich wissen, ob er mich in den Abgründen seines künstlichen Komas hört?

Ich wage es kaum, ihm über die Hand zu streichen. Die Berührung seiner Haut macht mich furchtbar traurig. Ich weiß nicht, wie lange ich dort sitze. Einerseits bewegt es mich zutiefst, bei ihm zu sein, andererseits bin ich angesichts der Ungerechtigkeit, die uns widerfahren ist, jedoch wie erstarrt.

Meine Schwägerin ruft mich. Sie steht mit der Kleinen im Türrahmen. Das Baby braucht mich.

Wie benommen sitze ich da und kann mich nicht entschließen, Vincent alleinzulassen. Schließlich stehe ich auf und gehe hinaus. Meine Tochter hat Hunger. Ich stille sie noch immer alle eineinhalb Stunden. Ich denke an Vincent, der uns so gerne beim Stillen zugeschaut hat. Stillen bedeutet Leben, und während das Baby an meiner Brust saugt, hoffe ich, dass er zu uns zurückkommt.

»Schrei, mein Schatz, vielleicht wacht dein Vater dann auf«, sagt meine Schwägerin.

Als ich nach Hause zurückkehre, stehe ich gänzlich unter Schock. In dieser Nacht schlafe ich kaum und wälze mich von einer Seite auf die andere. Vincents Bruder und seine Schwester bleiben bei mir. Sie schlafen im Wohnzimmer. Ich weiß, dass ihre Eltern benachrichtigt wurden. Sie machen sich morgen auf den Weg.

Ich bin in Alarmbereitschaft. Wenn ich das Gefühl habe, endlich einzuschlafen, halten mich das Knacken des Holzfußbodens oder ein anderes Geräusch im Haus wach. Ich warte auf das Klingeln des Telefons. Dieses Geräusch sehne ich herbei – und gleichzeitig fürchte ich mich davor. Wird das Klingeln des Telefons mir eine gute Nachricht oder eine Todesnachricht verheißen?

Ich lauere auf den Anruf. Die ersten achtundvierzig Stunden sind für die weitere Diagnose von entscheidender Bedeutung.

Am nächsten Morgen stehe ich unter der Dusche. Das Wasser rinnt über meinen Körper. Ich habe nicht viel geschlafen. Das Wasser wird immer heißer. Es verschafft mir eine gewisse Linderung. Ich brauche diesen Trost. Vincent ist nicht mehr da, um mich in seine Arme zu schließen. Plötzlich schießt mir ein entsetzlicher Gedanke durch den Kopf: Vielleicht kehrt er nie wieder in dieses Haus zurück. Vielleicht kann ich mich nie wieder an ihn schmiegen.

Ich breche in Tränen aus und schluchze so laut, dass Vincents Bruder und Schwester mich unten hören. Sie fragen mich, ob es Neuigkeiten aus dem Krankenhaus gebe. Sie glauben, dass ich gerade vom Tod ihres Bruders erfahren habe.

Meine Kollegen schreiben mir SMS, um ihre Anteilnahme zu bekunden. Ich weiß nicht, was ich ihnen antworten soll. Obwohl ich selbst im Krankenhaus arbeite und jeden Tag mit Kranken zu tun habe, kann ich mich nicht damit abfinden, dass uns ein solches Schicksal widerfährt. Jetzt schaue ich nicht mehr als Außenstehende auf die Krankheiten fremder Menschen, sondern ich bin selbst betroffen.

»Guten Tag, hier ist Rachel Lambert. Ich möchte wissen, wie es um meinen Mann steht. Ob es ihm besser geht …«

»Der Hirndruck ist in Ordnung. Wenn Sie wollen, können Sie ihn heute Nachmittag besuchen …«

Die Ärzte sind einsilbig und beschränken sich in ihren Erklärungen auf medizinische Fachtermini. Sie sagen nichts Genaues. Ich muss zwischen den Zeilen lesen.

Vincent geht es nicht gut, aber sein Zustand hat sich nicht verschlechtert. Immerhin. Damit muss ich mich im Augenblick zufriedengeben. Ich bin Krankenschwester. Ich weiß, dass sie mir nicht mehr sagen können. Auch die Ärzte müssen abwarten, wie sich der Zustand des Patienten entwickelt. Es ist ein wahrer Drahtseilakt für sie.

Und auch ich schwebe zwischen Hoffen und Bangen, solange Vincent im Koma liegt.

Zweiter Teil

Mein Leben an seiner Seite

»Machen Sie sich keine Sorgen, Madame«

Ich drehe den Ehering an meinem Finger. Es beruhigt mich, das Symbol meiner Ehe mit Vincent zu berühren, und es hilft mir, meinen neuen Alltag zu ertragen. Er liegt vor mir im Bett. Ich habe den Eindruck, als würde er mich anschauen. Ich stelle mir vor, wir würden uns unterhalten.

»Unser Baby wächst. Seine Gesichtszüge werden immer deutlicher. Es ist so hübsch und so lebendig.«

»Es ähnelt mir, unser hübsches kleines Mädchen mit den blauen Augen, findest du nicht?«

Es ist fast so, als würde ich hören, dass Vincent mir antwortet. Ich habe seine Stimme seit Tagen nicht mehr vernommen, und darum versuche ich, sie mir in Erinnerung zu rufen, damit ich den Tonfall bis hin zum leisesten Seufzer nicht vergesse. Auch wenn er keine Sprache mehr hat, kann ich mir nicht vorstellen, dass ich den Klang seiner Stimme je vergessen könnte.

Seit Ende September stimme ich mein Leben auf Vincents Rhythmus ab, den Rhythmus seiner Therapie, seiner »Frührehabilitation«. Jeden Nachmittag bin ich an seiner Seite. Ich besuche ihn ein Mal am frühen Nachmittag und dann wieder am späten Nachmittag. Den Rest des Tages wird er behandelt. Zwischen den beiden Besuchen fahre ich manchmal auf einen Sprung nach Hause.

Meine Mutter oder Freunde, mit denen ich zusammenarbeite, sitzen auf dem Gang und kümmern sich um die Kleine. Ich stille sie noch. Das ist der einzige Moment, in dem ich das

Gefühl habe, am richtigen Ort zu sein. Einerseits habe ich die Kleine, die mich in Atem hält, und auf der anderen Seite ist da Vincent, der reglos im Bett liegt, ohne dass sich sein Zustand verändert. Ich tue das, was getan werden muss, und stelle mir keine Fragen. Ich muss bei den beiden Menschen sein, die ich liebe, und für sie stark sein.

In den ersten Tagen glaubte ich, ich würde vor Kummer sterben, falls Vincent den Unfall nicht überleben sollte. Doch mein Baby, das mich braucht, gibt mir Halt. Die Kleine hat eine solche Ungerechtigkeit nicht verdient. Sie braucht wenigstens einen Elternteil, der sie beschützt.

Die Liebe zu meiner Tochter hilft mir, das alles zu ertragen. Was auch immer geschieht, ich bin nicht mehr derselbe Mensch. Als Rachel sterbe ich ein bisschen, doch als Mutter bin ich quicklebendig. Ich habe keine andere Wahl. Ich werde immer Mutter sein. Meine Aufgabe, das ist meine Tochter, ihre Entwicklung, ihr Glück und ihre Freude. Ich möchte ihr ermöglichen, ein Leben zu führen, das ihr zusteht. So einfach ist das.

»Guten Tag, mein Schatz …«

Es ist furchtbar. Vincent beugt die Arme. Dieser Anblick ist für denjenigen, der sich damit auskennt, unerträglich.

Nach zehn Tagen besteht zwar keine akute Lebensgefahr mehr, aber Vincent hat eine Lungenentzündung bekommen. Zuerst musste die Infektion behandelt werden, ehe man die Schmerz- und Beruhigungsmittel reduzieren konnte. Und genau das hat das Pflegepersonal getan. Vincent reagiert nicht gut darauf. Er beugt die Arme, und ich weiß genau, was das bedeutet. Ich habe es während meiner Ausbildung im Fach Neurologie gelernt. Diese verkrampfte Haltung deutet auf ein starkes neurologisches Leiden hin. Es ist eine entsetzliche Qual, ihn so zu sehen.

»Sehen Sie nicht, dass er die Arme beugt …?«

»Machen Sie sich keine Sorgen, Madame. Ich habe das auch schon bei anderen Patienten erlebt, und schließlich wurden sie wieder gesund.«

»Wie können Sie so etwas sagen? Ich bin selbst Krankenschwester, und ich weiß genau, was das bedeutet … Sein Gehirn ist stark geschädigt.«

Ich verstehe, dass sie versuchen, mich zu beruhigen, und alles tun, damit ich die Hoffnung nicht verliere.

»Vincent, hörst du mich? Ich weiß, dass du leidest. Hab keine Angst, ich bin da, und ich werde immer für dich da sein, um deine Schmerzen und deine Qualen ein wenig zu lindern.«

Er öffnet mühsam die Augen. Sein Blick ist verschleiert. Ich kenne diesen Blick. Es ist der Blick eines Menschen mit starken Hirnschädigungen. Ich suche unaufhörlich Vincents Lebhaftigkeit und Tiefsinnigkeit, die bis zu seinem Unfall charakteristisch für ihn waren. Ich suche seine Seele.

Ich kämpfe schweigend. Der unerträgliche Anblick von Vincents gebeugten Armen quält mich. Trotz allem, was ich weiß und was ich sehe, gebe ich mich mitunter Illusionen hin. Es gelingt mir nicht, alle Hoffnungen aufzugeben, dass er eines Tages nach Hause zurückkehrt. Doch in diesem Augenblick begreife ich, dass nichts mehr so sein wird wie zuvor. Auch wenn ich es nicht zugeben will, weiß ich in meinem tiefsten Inneren, dass unser gemeinsames Leben, wie es bisher war, der Vergangenheit angehört.

»Wir geben nicht auf, mein Liebster. Ich lasse dich nicht im Stich. Wir sind verheiratet und haben einander versprochen, in guten wie in schlechten Zeiten zusammenzuhalten. In deiner schwersten Zeit werde ich alles für dich tun, was in meiner Macht steht.«

»Lass doch einen Vormund einsetzen!«

Sie haben sich alle bei mir zu Hause versammelt.
Die Familie Lambert ist in meinem Haus zusammengekommen. Viviane, Vincents Mutter, hat dieses Familientreffen bei einer Tasse Kaffee organisiert. Ich fühle mich nicht wohl dabei. Es kommt mir fast so vor, als würden wir Vincent beerdigen.

Ich sitze mitten unter ihnen, aber ich schaffe es nicht, mich an der Konversation zu beteiligen. Ab und zu schnappe ich ein paar Gesprächsfetzen auf. Alle erzählen von ihren Erlebnissen mit Vincent. Dieses Treffen ähnelt viel zu sehr einem Leichenschmaus nach einer Beerdigung. Es ist mir alles zu viel. Obwohl ich ihr Bedürfnis nach einer Zusammenkunft aller Familienmitglieder verstehen kann und obwohl einige von weither gekommen sind, bin ich mit den Gedanken jedoch ganz woanders. Im Mittelpunkt meines Denkens und Handelns stehen meine regelmäßigen Besuche im Krankenhaus.

Ich muss zu ihm. Ich will meinen Mann jetzt sehen. Mein Platz ist nicht hier, sondern bei ihm. Neben seinem Bett im Krankenhaus.

Auch wenn mein eigenes Leben auf der Strecke bleibt, weiß ich, dass ich mich nur auf mich selbst verlassen kann. In der ersten Woche nach Vincents Unfall haben die Lamberts einen Plan aufgestellt, damit mich immer jemand von der Familie begleitet und sich um unsere Tochter kümmert. Doch auf Dauer wird das schwierig, denn alle kehren in ihr »normales Leben« zurück.

Die Kleine hustet sehr oft. Ich gehe mit ihr in die Notaufnahme. Sie hat eine Bronchiolitis und muss ein paar Tage auf der Kinderstation bleiben.

Nur wenige Gänge trennen Vincent von seiner Tochter. Sie liegt in ihrem Kinderbettchen und er noch immer auf der Intensivstation. Die Atmung der Kleinen wird überwacht, und er hängt an all diesen Schläuchen. Ich laufe unermüdlich zwischen den beiden Stationen, auf denen meine beiden Kranken liegen, hin und her. Mein Beschützerinstinkt treibt mich dazu, mich um meinen Mann und ebenso um meine kleine Tochter zu kümmern. Während sie beide im Krankenhaus liegen, habe ich Besuch: eine Freundin und Vincents Schwester.

Ich bin erschöpft. Mein Vater und seine Frau, meine Schwester und ihr Verlobter sowie meine Mutter unterstützen mich abwechselnd. Einmal überrasche ich meine Schwester dabei, als sie sanft Vincents Füße massiert.

»Lass doch einen Vormund einsetzen!«, sagen sie zu mir.

»Nein, keinen Vormund! Nicht nach drei Wochen. Damit bin ich nicht einverstanden! Es ist zu früh. Ich will nicht, dass Vincent bis in alle Ewigkeit an sein Krankenhausbett gefesselt bleibt. Das kann ich nicht ...«

Zum Glück habe ich genug Kraft, um mich zu widersetzen. Mithilfe eines Notars beantrage ich eine gerichtliche Vollmacht, die mich befugt, Vincent in allen Rechtsangelegenheiten zu vertreten. Dieser Schritt kostet mich Überwindung. Ich habe das Gefühl, einer Situation vorzugreifen, von der ich hoffe, dass sie niemals eintritt. Er wird zurückkehren! Anders kann es nicht sein.

Deine sanfte, wohlklingende Stimme

»Ich glaube noch immer zu hören
ihre Stimme, hinter Palmen versteckt,
ihre sanfte, wohlklingende Stimme
wie der Gesang der Ringeltauben …«

Die warme Stimme von David Gilmour und die Melodie von Bizet erfüllen das Zimmer: Geigen und der Sänger von Pink Floyd – Vincents Lieblingsband –, um zu versuchen, ihn zu stimulieren. Die Zeilen unseres Hochzeitsliedes klingen wie das Echo unserer Beziehung.

»Vincent, lass mich noch einmal deine sanfte, wohlklingende Stimme hören.«

Ich flüstere ihm die Worte ins Ohr und sprühe ein paar Tropfen meines Parfums auf sein Kopfkissen. Ich lege das Kuscheltier unseres Babys neben ihn.

Die Ärzte haben mich gebeten, meinen Mann zu stimulieren. Musik, die er mag, ein bekannter Duft, die Stimme eines geliebten Menschen. Alles, um ihn zu uns zurückzuholen.

Vincent beugt noch immer die Arme. Manchmal beobachte ich auch andere kleine Bewegungen. Seine Muskeln sind permanent verkrampft. Seine Kiefermuskulatur ist auch immer angespannt und sein Mund geschlossen. Schon das Putzen der Zähne ist furchtbar schwierig. Ein Guedel-Tubus in seinem Mund, eine Plastikapparatur, die gleichzeitig dem Offenhalten der oberen Atemwege dient, soll verhindern, dass er sich auf die Zunge beißt.

An einem Tag war Vincent so unruhig und hat die Zähne so fest zusammengepresst, dass er sich auf die Zunge gebissen hat. Ich sehe das wunde Fleisch.

Außer mir hat das niemand bemerkt. Es war wirklich entsetzlich.

Vincent bekommt einen Luftröhrenschnitt, damit er atmen kann. Die Ärzte beschließen, eine Gastrostomie durchzuführen, bei der eine künstliche Mündung des Magens auf der Bauchdecke geschaffen wird, um eine Magensonde legen zu können. Für Vincent ein weiterer Schritt in die Abhängigkeit und Bewegungslosigkeit. Auch für mich ist das alles nur schwer zu ertragen. Es bedeutet, dass er endgültig ans Bett gefesselt ist. Zudem deutet all das auf eine schwere Behinderung hin. Während meiner Arbeit als Krankenschwester hatte ich auch Patienten, die durch eine Magensonde künstlich ernährt wurden. Nach dem Legen der Magensonde bildet sich ein Abszess an der Wunde.

Ich bin da und halte seine Hand.

Während dieser Zeit unterstützen mich zwei Freundinnen, meine Mutter, meine Schwester, ihr Verlobter, mein Vater und seine Frau bei meinen Besuchen im Krankenhaus. Meine Familie ist oft bei mir, und dennoch fühle ich mich so allein. Diesen Kummer kann ich mit niemandem teilen. Auch wenn die anderen ungeheuer traurig sind, verläuft ihr Leben doch wieder in den gewohnten Bahnen. Wir hingegen stehen vor den Trümmern unserer Existenz.

Welche Pläne kann ich schmieden, außer zu versuchen, meiner Tochter die beste Kindheit zu ermöglichen? Diese Zeit soll die schönste des Lebens sein. Ich bin es ihr schuldig, ihr dieses Geschenk zu machen.

Vincent bekommt zwar Besuch von seiner Familie, doch im Grunde sind alle, unsere Freunde und Angehörigen, wieder in ihren Alltag zurückgekehrt. Das ist vollkommen normal, aber nicht so einfach.

Ein paar Wochen nach dem Unfall sagt mir meine Schwägerin, dass sie vorhabe, eine Wohnung zu kaufen, und Vincent darum nicht mehr so oft besuchen könne.

Wenn ich wolle, dass Vincent mehr Besuch bekomme, rät sie mir, bräuchte ich ihn nur in ein Krankenhaus in der Stadt verlegen zu lassen, in der seine Schwestern und Brüder wohnten. Für mich ist es schwer, diesen Vorschlag zu verdauen, denn ich fahre jeden Tag mit meinem Baby zum Krankenhaus und wieder zurück. Begreift diejenige, die mir den Vorschlag so leichthin unterbreitet, das überhaupt? Ich habe den Eindruck, niemand versteht richtig, was für ein Leben ich nun eigentlich führe.

Die Fahrtzeit würde sich für mich um zwanzig Minuten verlängern, und das müsste ich auch meiner Tochter zumuten. Bin ich nicht so schon erschöpft genug?

Die Klänge von Pink Floyd hallen durch das Zimmer. Vincent bewegt sich nicht. Ich bin sicher, dass das Geigenspiel aus Bizets Oper ihm gut tut und ihn beruhigt, so wie es auch mich beruhigt.

Ich schließe die Augen und denke an meine kleine Tochter, deren erstes Weihnachtsfest vor der Tür steht. Ein Weihnachtsfest mit Schnee, aber ohne ihren Vater. Ich hätte mir für mein Baby wirklich etwas anderes gewünscht.

Wenn die Kleine nicht wäre, hätte ich Weihnachten in diesem Jahr nicht gefeiert.

Meine Schwester und ihr Verlobter sind bei uns. Ich überschütte meine Tochter mit Geschenken, als wollte ich den

Schmerz auf diese Weise kompensieren. Trotz der vielen Pakete und der leuchtenden Augen meiner Tochter hat Weihnachten einen bitteren Beigeschmack.

Seit drei Monaten spielt sich mein Leben größtenteils in Vincents Krankenzimmer und auf dem tristen Gang des Krankenhauses ab.

Zwei Krankenschwestern kommen eines Tages schüchtern auf mich zu. »Wir wollten Ihnen etwas sagen. Sie dürfen nicht glauben, dass wir Ihnen aus dem Weg gehen, aber wir wissen nicht, was wir sagen sollen, wenn wir Sie mit Ihrer kleinen Tochter allein auf dem Gang sitzen sehen. Manchmal erscheint es uns sogar unpassend, Sie auch nur zu begrüßen.«

Sie sind es gewohnt, mit solch schmerzvollen Situationen umzugehen, aber wenn sie mich und meine kleine Tochter sehen, fühlen sie sich nicht wohl in ihrer Haut. Seltsamerweise tun mir ihre Worte gut.

Ich verstehe, dass sie unsere Situation betroffen macht und vielleicht sogar schockiert: Ein Mann, der einer ungewissen Zukunft entgegenblickt, liegt im Koma. Und seine Frau ist allein mit ihrem Baby, das in dieser Umgebung des Krankenhauses seine ersten Lebenserfahrungen macht. Das ist nicht »normal«.

Mitunter steigt Wut auf das Leben in mir auf. Während andere Mütter die Augenblicke mit ihren Babys in vollen Zügen genießen können, habe ich immer Verpflichtungen, die mir vor Augen führen, was für ein sonderbares Leben ich führe. Ich hatte so vieles mit meinem Baby vor. Ich wollte zum Beispiel mit der Kleinen zum Babyschwimmen gehen. Vor der Geburt sprachen Vincent und ich darüber. Wir waren so glücklich, als wir uns vorstellten, wie unser Baby im Wasser planscht. Ich habe offenbar nicht das Recht, all diese wunderbaren Augenblicke zu erleben.

Aber nicht nur die Enttäuschung, sondern auch Schuldgefühle machen mir zu schaffen. Schuldgefühle angesichts dessen, was ich erlebe und Vincent nicht, wie den ersten Zahn der Kleinen, ihre ersten Schritte oder das erste Lächeln.

Von all diesen Dingen, die man als Eltern zum ersten Mal erlebt und die uns unermesslich große Freude schenken, bekommt er nichts mit.

All diese wertvollen Augenblicke des Lebens, von denen wir gemeinsam träumten und mit denen ich nun allein bin …

Das ist dein Vater, mein Schatz

Ich betrachte mich im Spiegel und nehme Wimperntusche, Rouge und einen Lippenstift aus meinem Schminktäschchen.

Seit Wochen habe ich es nicht mehr in der Hand gehalten. Durch den Schock, den mir Vincents Unfall und seine Einlieferung ins Krankenhaus versetzten, habe ich viele Haare verloren. In all den Wochen war es mir wichtig, wenigstens regelmäßig zu duschen und vorzeigbar zu sein. Allerdings stand mir nicht der Sinn danach, mich zu schminken und mich hübsch zu machen. Als ich mich jetzt im Spiegel sehe, stelle ich fest, dass ich mein Äußeres vernachlässigt habe.

Unsere Tochter wird heute ein halbes Jahr alt. Zur Feier des Tages mache ich mich hübsch für sie und für Vincent. Ich mache ein schönes Fotos von uns beiden und hänge es in Vincents Zimmer an die Wand.

Seit Wochen habe ich mich gehen lassen. Als Frau und als Individuum existiere ich nicht mehr. Unbewusst habe ich mich selbst auf meine Rolle als Mutter und treue Begleiterin meines Mannes reduziert.

Am 5. Januar 2009 wird Vincent in die Neurologie verlegt. Ich bereite mich auf diese große Veränderung vor. Ja, es ist eine große Veränderung. Wir hatten uns an den Tagesablauf, die Station und das Pflegepersonal gewöhnt. Dieser Einschnitt wühlt mich sehr auf, denn solange Vincent auf der Intensivstation lag, war das ein Zeichen dafür, dass wir uns noch in der akuten Phase befanden und dass noch alles möglich war.

Seine Verlegung auf eine normale Station gibt mir nun das Gefühl, dass er sich in einem unveränderlichen Zustand befindet. Dennoch klammere ich mich an die Hoffnung, dass die Behandlung in der Neurologie auch eine Chance darstellt. Die Situation könnte noch schlimmer sein: Er hätte auch in ein Pflegeheim eingewiesen werden können. Ich hatte schon die Befürchtung, dass er nur noch von alten Menschen umgeben sein würde. Das hätte er nicht akzeptiert, wenn er bei Bewusstsein gewesen wäre.

Ich will gerade ins Krankenhaus fahren, als das Telefon klingelt. Es ist meine Schwester.

»Rachel, Oma ist gestorben …«

»Was? Als ich sie das letzte Mal gesehen habe, ging es ihr doch gut. Das ist ja schrecklich!«

»Du musst zur Beerdigung kommen.«

»Ja, verstehe. Ich komme. Aber ich muss das jetzt erst einmal verarbeiten. Im Augenblick ist es besonders schwer für mich, wenn ich nicht bei Vincent bin, weil er in dieser Woche in die Neurologie verlegt wird. Gerade jetzt, wo er auf eine andere Station kommt und sich in einer anderen Umgebung befindet. Ich wollte jetzt noch häufiger bei ihm sein, damit er nicht die Orientierung verliert. Auf der Neurologie, das ist zwar auch kein normales Leben, aber es stellt doch eine sehr große Veränderung dar.«

Bevor ich zur Beerdigung meiner Großmutter fahre, muss ich Vincent in seinem neuen Zimmer begrüßen.

Ich bin allein auf dem Gang und warte, dass er von der Transportliege in das neue Bett gelegt wird. Ich trete ein. Im ersten Augenblick kommt mir das Zimmer kalt und leer vor. Es hat keine Seele. Es ist meine Aufgabe, es etwas wohnlicher zu gestalten. Und so hänge ich Fotos von uns und von der Kleinen an die Wände und nehme mir vor, jede Woche ein neues Bild mitzubringen.

Auf der neurologischen Station brauche ich meine Besuche nicht mehr zu unterbrechen. Wir können noch mehr Zeit miteinander verbringen. Ich stelle einen Fernseher in Vincents Zimmer. Vincent schaute sich immer sehr gern die Quizsendung *Zahlen und Buchstaben* an. Er war immer besser bei den Zahlen und ich bei den Buchstaben.

Ich versuche, eine Art Normalität herzustellen.

Die Kleine trägt ein hübsches Kleid. Heute darf ich sie ins Zimmer ihres Vaters mitnehmen. Auf der Intensivstation waren Kinder nicht zugelassen, aber auf der neurologischen Station darf sie ihren Vater besuchen.

Ich bin wahnsinnig aufgeregt und aufgewühlt. Ich muss es aushalten. Ich drücke meine Tochter an meine Brust und spüre ihren Herzschlag.

Wir betreten das Zimmer. Vincent liegt ruhig im Bett. Ich gehe langsam auf ihn zu und setze das Baby auf seine Beine, sodass er die kleinen Füße spürt.

»Das ist dein Vater, mein Schatz.«

Die Kleine lacht. Sie versucht, sich bemerkbar zu machen, und patscht ihm auf den Kopf.

Nach einer Stunde gehen wir hinaus. Ich bin vollkommen durcheinander. Einerseits bin ich glücklich, dass die Kleine endlich ihren Vater sehen und dass Vincent sie spüren konnte. Andererseits bin ich jedoch unendlich traurig.

Während dieser Zeit steht mir meine Familie an den Wochenenden zur Seite. Einige Brüder und Schwestern von Vincent, die in der Gegend wohnen, besuchen ihn ab und zu. Seinen Eltern kommen nicht oft.

Vincents Zustand ist unverändert. Um seine kognitiven Fähigkeiten zu fördern, bitten wir um eine Verlegung nach Garches oder Berck im Département Pas-de-Calais, wo es bessere Rehabilitationszentren gibt. Seine Mutter zieht natürlich Paris vor, weil die Stadt für sie und ihren Mann besser erreichbar ist. Für ihre Enkeltochter und mich hingegen ...

Im Rehabilitationszentrum für Wachkomapatienten in Berck werden die besten Stimulationstechniken angeboten. Die Klinik verfügt über hochmoderne Geräte und ein bestens geschultes Personal. Die Ärzte und Therapeuten stehen im Ruf, bemerkenswerte Erfolge bei Patienten mit Schädelhirntraumata zu erzielen. Und so warten wir darauf, dass ein Platz frei wird.

Warten. Wir warten immer auf irgendetwas. Es hört nicht auf. Wir warten auf einen Platz und natürlich auch immer darauf, dass eine Besserung von Vincents Zustand eintritt.

Doch es passiert nichts. Wir warten und warten, und das ist sehr unbefriedigend.

Wir können nicht gemeinsam feiern

Wie jeden Abend seit März stelle ich die Wanne der Kleinen im Flur auf einen Aufnehmer, weil es im Badezimmer keinen geeigneten Platz dafür gibt. Wenn wir fertig sind, schütte ich das Wasser in die Duschwanne. Nach einem strapaziösen Tag strengt mich das alles sehr an.

Schließlich bekommt Vincent einen Platz in Berck. Wir werden dreieinhalb Monate dort bleiben. Ich behalte das Haus und miete in Berck eine kleine Wohnung. Das Notwendigste nehme ich mit, damit wir alles haben, was wir in den kommenden Monaten brauchen. Ich habe keine Sekunde gezögert. Ich muss an Vincents Seite sein, während er kämpft, um aus dem Koma zu erwachen.

In den ersten Tagen ist seine Mutter da, damit ich die nötige Ruhe habe, um mich einzurichten. Am anderen Ende von Berck habe ich eine einfache, aber gemütliche Wohnung mit einem Schlafzimmer, einer kleinen Küche, einem winzigen Badezimmer und einem Wohnzimmer mit einem Schlafsofa gefunden.

Für mich gibt es hier andere Besuchszeiten als in Châlons. Nachdem ich Vincent eine Stunde besucht habe, muss er sich eine Stunde ausruhen. Anschließend kann ich ihn noch eine weitere Stunde besuchen. Die Patienten sind sehr müde, denn sie werden ständig stimuliert. Ich lasse nicht locker, bis ich die Erlaubnis erhalte, mit meiner Kleinen ins Krankenhaus zu kommen. Ich darf sie jeden zweiten Tag mitbringen. Ich versuche, mich größtenteils an die Vorschriften zu halten, denn ich bin mir der Privilegien, die mir eingeräumt werden, durchaus bewusst.

Ich gehe am Strand spazieren. Es ist kalt, und der Wind peitscht mir den Nieselregen ins Gesicht. Ich trotze mit meiner Tochter dem schlechten Wetter, um unsere Lungen mit der jodhaltigen, kräftigenden Luft zu füllen.

Ich habe mir angewöhnt, in der Zeit zwischen den beiden Besuchen Strandspaziergänge zu machen. Es ist ein kleiner Trost, dass ich meiner Tochter wenigstens das bieten kann. Kilometerweit laufen wir an diesem kalten Sandstrand entlang. In dieser Zeit versuche ich, mich zu erholen und tief durchzuatmen.

Vincent ist gut untergebracht. Er hat ein schönes Zimmer mit Blick aufs Meer und mit einem großen Badezimmer. Das Pflegepersonal und die Therapeuten sind sehr aufmerksam. Sie versuchen, Vincent in das Schwimmbecken hinunterzulassen. Er widersetzt sich. Sie zwingen ihn nicht. Die Therapeuten bringen ihn oft in einen großen Raum, wo er über einen Teppich gerollt wird, damit er seine Gliedmaßen spürt.

Heute regnet es während unseres Strandspaziergangs, und ich bin furchtbar niedergeschlagen. Es ist der 3. April. Mein erster Geburtstag ohne Vincent, oder vielmehr ohne den Vincent von früher. Wir können nicht gemeinsam feiern.

Ich finde, das Leben ist ungerecht. Ohne die Kleine auf dem Arm hätte ich meinen Schmerz und meine Wut auf dieses absurde Leben in die Welt hinausgeschrien. Es macht mich entsetzlich traurig, dass ich besondere Ereignisse und Augenblicke der Freude, selbst wenn sie selten und flüchtig sind, nicht mit dem Menschen teilen kann, den ich liebe.

Ich hätte meinen Geburtstag so gerne mit Vincent gefeiert

oder einfach mit ihm in einem Restaurant gegessen, ein Gläs-
chen getrunken und zusammen gelacht. Sein ungezwungenes,
herzhaftes Lachen fehlt mir sehr. Es bedrückt mich, dass ich
mich nachts nicht mehr an ihn schmiegen kann. Ich schlafe oft
unruhig und habe Probleme damit, einzuschlafen. Vincent ist
nicht da, und ich schaffe es nicht, mir einzureden, dass es nur
ein Albtraum ist …

Ich habe erfahren, dass meine Schwägerin wieder schwan-
ger ist. Sie hat ungefähr zu dem Zeitpunkt, als unsere Tochter geboren wurde, auch Zwillinge bekommen. Ich bin nicht
neidisch, aber solche Dinge versetzen mir dennoch einen Stich
und erinnern mich daran, dass das Leben der anderen weiter-
geht.

»Herzlichen Glückwunsch, Pierre!«

Der alte Mann pustet die Kerzen aus. Die ganze Familie hat
sich versammelt. Es wird gelacht, gegessen und getrunken. Pierre Lambert feiert seinen achtzigsten Geburtstag. Zu diesem
Anlass ist die ganze Familie nach Berck gekommen. Sie haben
in einem Freizeitpark ein Restaurant gemietet.

»Auf diese Weise schlagen wir zwei Fliegen mit einer Klappe.
Die ganze Familie versammelt sich zu einem Festessen, und alle,
die möchten, können Vincent besuchen.«

Ich finde diese Idee sonderbar. Während des ganzen Essens
bin ich lustlos, aber ich versuche, gute Miene zum bösen Spiel
zu machen. Sie können ja nichts dafür und haben das Recht,
den Geburtstag zu feiern. Dennoch ist es für mich befremdlich,
eine Geburtstagsfeier mit den Besuchen eines nahen Angehörigen im Krankenhaus zu verbinden, der seit Monaten im Wachkoma liegt.

Das Leben ist grausam, denn es geht weiter, und alle verfolgen ihre Ziele. Da ich mein eigenes Leben vollkommen zu-

rückstelle, verstehe ich nicht, dass die anderen nicht genauso leiden wie ich und nicht auf die Freuden des Lebens verzichten.

Ich bleibe bis zum Ende und sage mir, dass ich Vincent auf der Familienfeier vertrete.

Er hat sein Bein bewegt!

Ich bin bei Vincent und starre ihn an, ohne etwas zu sagen. Durch das Fenster schaue ich auf die Sanddünen und die Drachen, die über dem aufgewühlten Meer hin und her fliegen. Ich berühre seine Wange und streichle seinen Arm. Plötzlich bewegt er ein Bein. Er hebt es höher als sonst, wirklich viel höher. Ich laufe auf den Gang und suche eine Krankenschwester.

»Er hat sein Bein angehoben. Er hat sein Bein ein ganzes Stück angehoben!«

»Wir wissen nicht, ob er das tatsächlich bewusst gemacht hat. Normalerweise sind es nie die Beine, die zuerst ein Aufwachen ankündigen.«

Man darf auf keinen Fall vorschnelle Schlüsse ziehen, aber diese Bewegung war so überraschend, dass ich mich daran klammere, selbst wenn sie aus medizinischer Sicht kein Beweis für eine Besserung seines Zustandes ist. Es ist auch möglich, dass die Bewegung eines Beins auf eine unbequeme Lage hinweist.

Doch heute ist Vincents Blick nicht verschwommen. Ich sehe seinen klaren, durchdringenden Blick von früher und glaube einen Glanz in seinen Augen zu erkennen. Ich weiß, dass es nichts bringt, sich falschen Hoffnungen hinzugeben. Als ich später gehe, habe ich das Gefühl, dass wir einen schönen Augenblick zusammen verbracht haben. Keine unangebrachte Freude darüber, nur die Realität in kleinen Schritten.

Nach drei Monaten in Berck wird Vincents Aufenthalt um zwei Wochen verlängert. Wenn es danach keine Anzeichen dafür gibt, dass er aus dem Koma erwachen könnte, muss er den Platz für den nächsten Patienten räumen, der auf der Warteliste steht. Für einen, bei dem die Ärzte noch Hoffnung haben. Die Tür ist uns aber nicht für alle Zeiten verschlossen. Falls es bei Vincent Anzeichen für eine positive Entwicklung gebe, so sagen sie, könnten wir anrufen, und er würde noch einmal einen Platz bekommen.

Nein, er soll nicht reanimiert werden

Madame Lambert, nehmen Sie bitte Platz.«
Ich sitze in einem Raum in der Universitätsklinik Reims. Vincent wurde im Hôpital des Capucins aufgenommen, das zu dieser Klinik gehört. Ich befürchtete schon, dass sie ihn in ein Hospiz verlegen würden. Stattdessen wird er nun auf einer Station untergebracht, die sich auf die Behandlung von Komapatienten spezialisiert hat.

Ich bin wahnsinnig enttäuscht. Die Abreise aus Berck war für mich wie eine Niederlage. Es war alles etwas schwierig dort oben im Norden, aber ich hatte das Gefühl, dass wir für etwas kämpften und dass alles getan wurde, damit Vincent aufwacht. Seit der Abreise habe ich keine großen Erwartungen mehr, weder im positiven noch im negativen Sinne. Das Wichtigste bleibt jetzt, dass er gut versorgt ist und Aufregung von ihm ferngehalten wird.

Ich hatte Angst, dass er während des Transports von Berck nach Reims unter gesundheitlichen Problemen leiden könnte. Der Transport nach Berck war schwierig gewesen, denn Vincent bekam Fieber.

Abgesehen von einigen Fieberschüben und einer Lungenentzündung ist sein Gesundheitszustand seit seinem Unfall aber relativ stabil.

Ich kann nun in mein kleines Haus zurückkehren, auch wenn es bis Reims weiter ist als bis Châlons.

Vincent hat den Transport gut überstanden. Jeden Augenblick ohne zusätzliches Leid erlebe ich wie einen Sieg. Seine Zähne sind jedoch in schlechtem Zustand, und er hat keine Muskeln mehr. Wenn sein Mund und seine Augen geschlossen sind, habe ich manchmal das Gefühl, er würde nur schlafen. Dann sieht er fast aus wie früher. Dieser Gedanke tröstet mich. Gleichzeitig frage ich mich, was grausamer ist: diese Ähnlichkeit mit dem Mann zu erkennen, der er nie wieder sein wird, oder zu sehen, was der Unfall aus ihm gemacht hat?

Ehe Vincent in Reims untergebracht wird, führe ich ein Aufnahmegespräch mit einem Team von Ärzten aus verschiedenen Fachbereichen. Als die Ärzte mir gegenübersitzen, kommt es mir so vor, als wäre ich zu einer mündlichen Prüfung angetreten, nur dass es bei dieser Prüfung keine Noten gibt.

Ich soll ihnen noch einmal alles über meinen Mann erzählen, damit er als Mensch nicht komplett hinter der Krankenakte verschwindet. Während des Sprechens muss ich mehrmals innehalten, weil mir Tränen in die Augen steigen.

»Falls etwas passiert, Madame Lambert, sollen wir dann versuchen, Ihren Mann zu reanimieren? Oder falls der Verdacht auf eine schwere Krankheit besteht, sollen wir dann alle Untersuchungen durchführen, auch wenn sie schmerzhaft sind?«

Es ist das erste Mal, dass Ärzte mir diese Fragen stellen. Ich weiß, dass Vincent niemals hätte reanimiert werden wollen. Für mich ist es eine Qual zu schildern, wie mein Mann zu lebensverlängernden Maßnahmen stand. Mir wird bewusst, dass er sterben könnte.

Vorher war alles abstrakt, doch die konkreten Fragen der Ärzte führen mir die grausame Realität vor Augen. Ich muss ihnen antworten und ihnen genau das sagen, was Vincent gewollt hätte, selbst wenn es mich innerlich zerreißt.

»Nein, er soll nicht reanimiert werden.«

Das war sicherlich der schwerste und bedeutsamste Satz,

den ich jemals in meinem Leben ausgesprochen habe. Der Satz, der mir meine Verantwortung als Ehefrau und treue Begleiterin in guten wie in schlechten Zeiten deutlich machte. Das Schlimmste, was eintreten kann, Vincent nicht zu reanimieren – ihn also sterben zu lassen –, erweist sich für ihn als das Beste.

»Nein, er soll nicht wiederbelebt werden.«

Das Gespräch ist zu Ende. Ich muss den Schock über diese neue Realität erst einmal verarbeiten.

Vincents Mutter ist in Reims, und ich informiere sie über meine Entscheidung. Ich erkläre ihr in aller Deutlichkeit, dass ihr Sohn, falls es zu lebensbedrohlichen Komplikationen komme, nicht reanimiert wird. Sie widerspricht mir nicht.

»Verzeihung, aber so können Sie meinen Mann nicht liegen lassen. Das würde ihm gar nicht gefallen!«

»Ich verstehe Sie, Madame, aber das ist bei uns üblich. Machen Sie sich keine Sorgen. Wir kümmern uns sofort darum.«

Ich bin im Hôpital des Capucins und stehe vor seinem neuen Zimmer. Die Pflegekräfte haben ihn gerade in sein Bett gelegt. Vincent liegt halbnackt auf einem Laken. In Berck war er immer angezogen.

»Vielen Dank. Das wäre meinem Mann sehr unangenehm. Es geht um seine Würde.«

Sein Zustand ist unverändert. Ich habe den Eindruck, dass ich ständig versuche, irgendetwas für Vincent zu erreichen, ohne dass sich dadurch etwas für ihn ändert. Er liegt reglos in seinem Bett. Das ist kein Leben, weder für ihn noch für mich. Und das geht jetzt seit Monaten so. Seit Monaten entwickelt sich zwischen dem Vincent von früher, der aktiv am Leben teilnahm, und dem Vincent von heute eine immer tiefere Kluft.

Man gewöhnt sich an alles, selbst an den Anblick seines leidenden Mannes, der in der Reglosigkeit verharrt. Auch wenn sein Zustand zur Normalität geworden ist, verhindert das aber nicht, dass ich mich permanent innerlich dagegen auflehne. Es ist die Medizin, die den Menschen mitunter in eine solch unerträgliche Situation bringt und ihn in einen grausamen Abgrund stürzt.

Alles, was ich für Vincent tun kann, ändert nichts an seiner Situation. Seit einem Jahr habe ich das Gefühl, mit viel Mut und unter großem Leid Berge erklommen und von unserer Seite aus alles getan zu haben. Vincent war in drei verschiedenen Kliniken, und dennoch hat sich nichts geändert. Er liegt reglos in seinem Bett.

Manchmal ertappe ich mich dabei, noch immer an eine Besserung seines Zustands zu glauben.

»Solange das erste Jahr nicht verstrichen ist, gibt es noch Hoffnung«, sagen die Ärzte immer wieder. Durchhalten und nichts unversucht lassen. Wir haben keine andere Wahl.

Vor diesem traurigen Jahrestag feiern wir den ersten Geburtstag unserer Tochter. Ich backe einen Schokoladenkuchen in Herzform. Wir setzen Vincent in einen Rollstuhl und gehen in den Park. Ich will nicht, dass die Kleine ihre erste Kerze im Krankenhaus auspustet.

Ich empfinde widersprüchliche Gefühle. Einerseits macht es mich glücklich zu sehen, dass aus dem Baby allmählich ein kleines Mädchen wird. Andererseits spüre ich Verzweiflung, wenn ich mir den krassen Gegensatz zwischen unserem fröhlichen Kind und meinem Ehemann, der anwesend und abwesend zugleich ist, vor Augen führe. So viel Leid, mit dem ich tagtäglich konfrontiert werde, doch an einem so glücklichen Tag wie diesem weigere ich mich, es an mich heranzulassen.

Ich bin stolz auf mein Mädchen, aber Vincent ist nicht da,

selbst wenn sein regloser Körper bei uns ist. Das ist kein Geburtstag, den er sich für seine Tochter gewünscht hätte. Da bin ich ganz sicher.

Seit ein paar Tagen macht die Kleine ihre ersten Schritte. Als sie versucht, im Park zu laufen, verliert sie das Gleichgewicht, fällt hin, lacht und steht wieder auf.

Ich mache Fotos, um diesen Augenblick für immer festzuhalten. Lächelnd drehe ich mich um und betrachte dann Vincent. Ist dieser Mann in dem Rollstuhl überhaupt Vincent?

Allein

In dem hellen, geräumigen Zimmer herrscht Stille. Alles entspricht dem neusten Stand der Technik. Ich sage mir, dass hier vielleicht doch etwas möglich ist, selbst wenn ich mich weigere, mich dieser Hoffnung hinzugeben.

Vincent hat Kopfhörer auf, und eine Sauerstoffsonde in seiner Nase ist mit einem Computer verbunden.

»Monsieur Lambert, versuchen Sie, die Musik durch Ihre Atmung zu stoppen. Sie werden sehen, es ist nicht schwierig. Sie können es schaffen.«

Keine Reaktion. Die Musik läuft weiter. Wir warten ein paar Minuten, aber es passiert nichts.

»Ich hoffe, Sie haben nichts dagegen, wenn ich es einmal versuche«, sage ich zu der Therapeutin. »Vincent, ich bin's, Rachel, hörst du. Du sollst versuchen, die Musik durch deine Atmung zu stoppen.«

Sofort darauf verstummt die Musik. Ich bin fassungslos. Auf die Therapeutin hat Vincent nicht reagiert, aber mit meiner Stimme funktioniert es. Er reagiert auf meine Stimme. Er spürt, dass ich da bin. Er weiß, dass ich ihn nicht im Stich lasse. Er weiß, dass ich mit ihm und für ihn kämpfe.

Wir sind seit ein paar Tagen in Belgien.

Seit zwei Jahren, zwei langen Jahren, ist Vincents Zustand unverändert, und er machte nicht die geringsten Fortschritte. Wir waren ständig hin- und hergerissen zwischen Hoffnung und Resignation. Schließlich sprachen Vincents Eltern mit mir über den belgischen Professor Steven Laureys, den Leiter einer Forschungsgruppe für Komapatienten in Lüttich. Er gilt als einer der renommiertesten Spezialisten für die Behandlung von Patienten, die sich nach dem Koma in einem vegetativen Zustand oder einem »Zustand mit minimalem Bewusstsein« befinden.

Dieses Zentrum und die Arbeit des Leiters entzünden in mir einen Funken Hoffnung. Allerdings zahlt die Krankenkasse den Aufenthalt nicht. Irgendwie gelingt es mir, die Finanzierung sicherzustellen.

Im Juli 2011 wird Vincent für eine Woche in Lüttich aufgenommen.

Zwischen den Untersuchungen führe ich lange Gespräche mit dem Physiotherapeuten und vor allem mit der Neuropsychologin. Ich spreche über Vincent, wie er vor seinem Unfall war, und über seinen Zustand während der Jahre in stationärer Behandlung im Krankenhaus. Nach ein paar Tagen sagt die Neuropsychologin zu mir, sie habe den Eindruck, dass Vincent nicht da sein möchte.

Die Woche vergeht. Meine Tochter ist bei mir. Sie ist schon drei Jahre alt. Wir sind nicht die ganze Zeit über in Vincents Zimmer. Ich möchte, dass sie sich auch ausruht und Spaß hat. Ich versuche stets, so viel Zeit wie möglich mit Vincent zu verbringen, ohne dass dies auf Kosten meiner Tochter geht.

»Papa, Papa?«

Als Einjährige hoffte die Kleine noch, dass ihr Vater auf ihr Lächeln reagiert. Sie war zärtlich zu ihm und suchte seinen Blick, doch es kam nichts zurück. Dann schaute sie mich fragend an.

»Deinem Vater gefällt das. Er spürt, dass du da bist, aber er kann dir nicht antworten.«

Nachdem ich der Kleinen immer wieder erklärt habe, woran ihr Vater leidet, hat sie es verstanden. Diese einseitige Beziehung zerreißt mir das Herz. Aber ich sage mir, dass er sie an seiner Seite spürt, dass sie den Raum mit ein wenig Leben und Freude erfüllt und ihn vielleicht motiviert, noch stärker zu kämpfen.

Von diesem Aufenthalt in Belgien erwarte ich nicht wirklich viel, obwohl ich noch immer Hoffnung habe. Ich weiß, dass sie Vincent nicht heilen werden. Dennoch will ich nichts unversucht lassen, damit mich später keine Zweifel quälen und ich mir keine Vorwürfe zu machen brauche, auch wenn ich mir über die Situation immer im Klaren bin.

Ein paar Wochen nach unserem Aufenthalt bittet Professor Laureys mich zu einem Gespräch, um mit mir über die Ergebnisse der Untersuchungen zu sprechen. Vincents Eltern sind ebenfalls anwesend.

»Madame Lambert, wir haben bei Ihrem Mann einen minimalen Bewusstseinszustand ›plus‹ diagnostiziert. Das bedeutet, dass Ihr Mann Schmerzen empfindet.

Ich empfehle Ihnen eine intensive logopädische Therapie und die Entfernung der Metallplatte aus der Schädeldecke Ihres Mannes. Das Metall verhindert, dass eine Magnetresonanztomographie durchgeführt werden kann, und zudem kann es epileptische Anfälle auslösen. Auch die aufgestaute Hirnflüssigkeit in seinem Schädel muss reduziert werden, um festzustellen, ob sich das eventuell positiv auf den Aufwachprozess auswirkt. Ich will Ihnen nicht verschweigen, Madame, dass sein Zustand sehr ernst ist.«

Aber das ist noch nicht alles. Am Ende unseres Gesprächs spricht der Arzt wie selbstverständlich ein Wort aus, das in Frankreich noch tabu ist: Sterbehilfe. Wir sind in Belgien, und hier ist die Sterbehilfe seit 2002 unter bestimmten Voraussetzungen erlaubt.

Die Lamberts sind nach Belgien gekommen, um sich nach den Ergebnissen der Untersuchungen und der Behandlung zu erkundigen. Alle sind der Meinung, dass ich aber letztlich allein die Entscheidung treffen solle. Vincent hätte das sicherlich gewollt, aber ich fühle mich nicht dazu in der Lage, eine solche Entscheidung zu treffen.

Auf der Rückfahrt steigt Übelkeit in mir auf. Ich weiß sehr wohl, dass wir nach der Operation und der logopädischen Therapie alle Möglichkeiten ausgeschöpft haben. Ich müsste akzeptieren, dass Vincent jahrelang in diesem Zustand verharrt.

Ein Gedanke lässt mich nicht mehr los. Wenn ich nicht den Mut habe, um Sterbehilfe zu bitten, wie Vincent es gewollt hätte, werden mich meine Schuldgefühle, die mich seit seinem Unfall begleiten, nicht mehr loslassen. Es käme einem Verrat gleich, Vincents Willen nicht zu respektieren.

Ich versuche, diese Gedanken zu verdrängen und mich auf die Operation zu konzentrieren.

Die Operation ist gut verlaufen

Vincent versteift sich. Er lässt sich aus seinem Rollstuhl auf den Boden gleiten. Er will nicht mehr. Ich wollte ihm die Haare schneiden lassen, aber warum sollte ich ihn zwingen? Er besitzt die unglaubliche Fähigkeit, sich aus seinem Rollstuhl auf den Boden gleiten zu lassen, um seinen Widerstand und seine Unzufriedenheit zum Ausdruck zu bringen und zu signalisieren, dass er Schmerzen hat.

Das ist seine Art zu kommunizieren. Manchmal knurrt er. Er widersetzt sich der Körperpflege und presst die Beine zusammen. Wenn es sich um einen Krankenpfleger handelt, widersetzt er sich noch stärker.

Seit Ende des Sommers sind wir in Reims. Vincent liegt steif und reglos im Bett und wird durch eine Magensonde künstlich ernährt. Seine Arme sind wieder gebeugt. Das Krankenhaus ist im Herbst umgezogen. Ich habe Vincents Zimmer mit Fotos unserer Tochter dekoriert, die inzwischen schon ein kleines Mädchen ist.

Manchmal fahre ich ihn im Rollstuhl spazieren. Als er im Hôpital des Capucins war, habe ich das häufiger gemacht, da es dort einen kleinen Park gab. Zudem war Vincent nicht ganz so steif und leistete weniger Widerstand. Zu besonderen Gelegenheiten ziehe ich ihn schick an. Zur Hochzeit seiner Schwester 2010 trug er einen Anzug, und wir haben Fotos gemacht. An jedem Geburtstag der Kleinen und zu Weihnachten ziehen wir ihm ebenfalls einen Anzug an.

Für sie, für mich und vielleicht auch für ihn …

Ehe Vincent mit der logopädischen Therapie beginnen kann, muss er operiert werden, damit die Metallplatte aus der Schädeldecke entfernt wird. Das soll die Gefahr epileptischer Anfälle verhindern und gleichzeitig das aufgestaute Hirnwasser reduzieren. Zwei unterschiedliche Maßnahmen, um die Möglichkeit des Aufwachens aus dem Koma zu erhöhen. Die Operation soll Mitte Februar 2012 im Hauptgebäude des Krankenhauses durchgeführt werden. Vincent muss zwei Nächte in einem anderen Zimmer in einer Umgebung verbringen, die er nicht kennt. Das Pflegepersonal ist ihm total fremd. Ich habe Angst, dass er sich verloren fühlt, und habe ihm ein großes Poster mit Fotos von uns und unserer kleinen Tochter anfertigen lassen, damit er zumindest einen visuellen Orientierungspunkt hat.

Am Tag der Operation fahre ich schon früh ins Krankenhaus. Ich bin an seiner Seite und warte wieder einmal. Diese erneute Herausforderung schweißt uns noch stärker zusammen. Wir warten, bis er in den Operationssaal geschoben wird.

Seine Eltern sind auch in Reims. Seine Mutter hat beschlossen, während der Operation ebenfalls im Krankenhaus zu bleiben. Der Arzt, der Vincent seit 2009 behandelt, hat die Erlaubnis erhalten, bei der Operation zu assistieren.

Die Operation dauert endlos lange. Ich kann nicht genau sagen, wie viel Zeit vergeht. Ich habe mein Handy in der Hand. Vincent hat die Ansage auf meine Mailbox gesprochen. Ich höre mir seine Stimme an. Das tut mir gut. Ich kann mich nicht entschließen, eine neue Ansage aufzusprechen. Ich will die einzige Erinnerung an Vincents Stimme nicht löschen, damit er immer bei mir ist.

Viele Leute, die versuchen, mich zu erreichen, wundern sich darüber. Bei anderen Paaren ist es kein außergewöhnliches

Ereignis, die Stimme des Partners zu hören. Auf unsere Weise sind wir so noch immer zusammen.

Die Ärzte können Vincent für die Operation keine Vollnarkose geben. Deshalb entscheiden sie sich für eine andere Art der Narkose. Während der Gespräche vor der Operation habe ich den Anästhesisten darauf hingewiesen, dass ich, falls es zu lebensbedrohlichen Komplikationen komme, nicht wolle, dass Vincent reanimiert werde. Das entspricht dem, was er gewollt hätte.

Als Vincents Vater am Nachmittag kommt, sitze ich noch immer von Angst erfüllt im Wartezimmer. Der Chirurg empfängt ihn, um mit ihm über den Eingriff zu sprechen. Vincents Vater ist Arzt im Ruhestand.

Nachdem er seinen Sohn mehrere Wochen nicht besucht hat, gefällt es mir gar nicht, dass ich ausgeschlossen werde, als sie mit ihm sprechen. Immerhin war ich es, die alles getan hat, damit diese Operation durchgeführt wird. Ich bin es auch, die Vincent jeden Tag zur Seite steht. Auch wenn Vincents Vater Arzt im Ruhestand ist, verstehe ich nicht, warum die Ärzte mit ihm ausführlichere Gespräche führen als mit mir. Mich lässt man mit meinen Fragen allein im Wartezimmer sitzen. Allein mit meinen Zweifeln, mit meinen Ängsten und auch allein mit meiner Hoffnung.

Zum Glück kommt der Arzt, der Vincent seit all den Jahren behandelt und der bei der Operation assistiert hat, sofort nach dem Eingriff zu mir.

»Die Operation ist gut verlaufen. Die Metallplatte wurde entfernt.«

Ich bin erleichtert und will Vincent sofort sehen.

Es dauert nicht lange, bis er in sein Zimmer geschoben wird. Mir kommt es so vor, als hätte er einen klareren und wacheren Blick. Ich rechne nicht mit einem Wunder, doch ich schöpfe wieder Hoffnung. Es ist nicht mehr die Hoffnung auf eine Heilung, sondern die Hoffnung auf den Beginn einer Kommunikation. Die logopädische Therapie kann beginnen. Es sollen mehrere Sitzungen pro Woche stattfinden.

Ich darf nicht dabei sein, weil das die Arbeit des Logopäden behindern könnte. Weitere Stimulationen müssen ausgeschlossen werden. Schon allein meine Anwesenheit könnte den positiven Verlauf der Therapie stören. Die Logopädin erstattet mir regelmäßig Bericht und erklärt mir, was sie erreichen möchte. Sie stimuliert vor allem Vincents Geschmacksnerven, indem sie unterschiedliche Geschmacksstoffe auf seine Zungenspitze tupft. Sie hofft derart auf eine Reaktion, um herauszufinden, wie sie eventuell eine Kommunikationsmethode etablieren kann.

Trotz siebenundachtzig Sitzungen gelingt es der Therapeutin jedoch nicht, irgendwelche Fortschritte zu erzielen.

Wir müssen den Tatsachen ins Auge sehen. In diesem erbitterten Kampf um ein bisschen Autonomie erleiden Vincent und ich nur Niederlagen und stoßen auf unüberwindbare Hindernisse. Auch mehr als vier Jahre nach dem Unfall sehen wir kein Licht am Ende des Tunnels. Dieser Status quo ist unerträglich.

Vincent geht es nicht gut. Er leidet sehr. Seit Monaten fällt es ihm schwer, im Rollstuhl zu sitzen. Seine Sitzmuskulatur wird immer schwächer, und sein Oberkörper versteift sich immer mehr. Manchmal kommt es mir so vor, als wäre er in seinem Körper gefangen. Wach- und Schlafphasen wechseln sich bei ihm ab. Er bewegt die Augen und spürt Schmerzen, aber niemand kann bestätigen, dass er versteht, was man sagt, oder ob er denken kann. Wenn er lächelt oder eine Träne über seine Wange rinnt, weiß niemand, wie man dies interpretieren soll.

Auf gar keinen Fall sollte man versuchen, dies als Ausdruck eines Gefühls des Wohlbefindens oder der Verlegenheit zu deuten. Möglicherweise sind es nur Reflexe.

Wir schauen einer düsteren Zukunft entgegen.

Ein Versprechen, das ich dir nicht geben kann

Die Ärzte haben bei Vincent nicht die geringste Besserung seines Zustandes festgestellt. Es tut ihnen leid.

Das weiß ich. Was nun? Ich spüre, dass es auch für sie nicht leicht ist. Sie müssen wissen, wie Vincent sich zu lebensverlängernden Maßnahmen geäußert hat.

Seit ein paar Monaten beobachten die Ärzte, dass er sich offenbar nicht wohlfühlt und sich sogar gegen die Pflege wehrt. Sie stellen sich die Frage, ob es möglicherweise unvernünftig ist, die Behandlung um jeden Preis fortzusetzen.

Anfang 2013 bittet mich das Ärzteteam um Dr. Eric Kariger zu einem Gespräch. Sie möchten noch einmal wissen, was Vincent in einer solchen Situation gewollt hätte. Als ich mit den Ärzten im Besprechungsraum des Krankenhauses sitze, denke ich an Vincent und an unsere glücklichen Zeiten.

2007 – das Jahr unserer Hochzeit. Vincent und ich sprechen über unsere Zukunft und unsere Pläne. Während unserer Gespräche kommen auch Themen wie lebensbedrohliche Krankheiten und starke Behinderungen zur Sprache. Er will, dass ich weiß, dass er lieber sterben würde, als ans Bett gefesselt sein Dasein zu fristen, falls er eines Tages aus irgendeinem Grunde stark hilfsbedürftig sein sollte. Ich muss ihm versprechen, dass ich, falls ihm etwas zustoßen würde, alles tue, damit er in einem solchen Fall sterben kann.

Es versetzt mir einen Stich. Ich weiß, dass er es ernst meint.

Ich habe Tränen in den Augen. Ich sage ihm, dass ich ihm dieses Versprechen nicht geben kann und dass ich dazu niemals in der Lage wäre.

Heute bin ich übrigens noch immer nicht dazu in der Lage. Ich würde alles tun, damit wir beide weiterleben, Vincent, aber ich muss es nun für dich tun.

Sicher, Vincent hat weder eine Patientenverfügung hinterlassen noch eine Person seines Vertrauens bestimmt, deren Meinung mehr gezählt hätte als die einer anderen. Obwohl wir beide in der Pflege tätig waren, kannten wir das Gesetz Leonetti nicht. Dennoch sprachen wir mehrmals über eine solche Situation. Vincent hatte diesbezüglich ganz klare Vorstellungen. Bevor er mit mir darüber sprach, wie er zu lebensverlängernden Maßnahmen stand, habe ich während unserer Zusammenarbeit in der Pflege festgestellt, dass er ein schwieriges Verhältnis zu körperlich und geistig Behinderten hatte.

Während meiner Arbeit als Krankenschwester hatte ich es oft mit Behinderten zu tun. Es kam vor, dass ich abends über meinen Arbeitstag redete und den Zustand einiger Patienten schilderte. Vincent hatte kein Problem damit, mir zu sagen, was er dachte: Seiner Meinung nach hatte das Leben keinen Sinn mehr, wenn man jahrelang ans Bett gefesselt sein Dasein fristete. Er hatte eine ziemlich radikale Einstellung: Er würde lieber sterben, als langsam dahinzusiechen. Mein Mann benutzte sehr drastische Worte und sagte, dass es besser sei, »eingeschläfert zu werden«. Für uns beide war das kein Tabuthema. Wir sprachen ganz offen darüber.

Die Stationsärzte warten auf meine Antwort. Sie drängen mich nicht. Ich muss sie über Vincents Willen informieren. Ich habe nicht das Recht, ihn zu verraten. Die Ärzte sind da, um mir zuzuhören und ihm zuzuhören.

Das Gespräch mit den Ärzten setzt mir arg zu. Es ist sehr schmerzhaft, das zu wiederholen, was Vincent dachte, und schwer, sich die Möglichkeit seines Todes vor Augen zu führen. Doch gleichzeitig habe ich zum ersten Mal das Gefühl, dass Vincents Stimme gehört wird und dass sie endlich verstanden haben, wer er war.

Zum ersten Mal sprechen die Ärzte mit mir über das Gesetz Leonetti. Es bietet einen gesetzlichen Rahmen, den Mediziner mit objektiven medizinischen Kriterien festgelegt haben, um einen Patienten davor zu schützen, dass er um jeden Preis künstlich am Leben erhalten wird. Noch ist keine Entscheidung gefallen. Der Entscheidungsprozess beginnt soeben erst.

Nach dem Gespräch nehme ich das Gesetz und die Protokolle der Parlamentsdebatten unter die Lupe. Ich lese alle Texte aufmerksam durch. Es verleiht mir ein Gefühl der Sicherheit, dass ein Ärzteteam die Entscheidung trifft. Im Grunde hat die moderne Medizin diese Situation geschaffen, diesen Zustand zwischen Leben und Tod. Also ist es auch Aufgabe der Ärzte, die Verantwortung zu übernehmen.

Wenn die Ärzte nicht mehr für den Patienten tun können, als ihm dieses Leben ohne Sinn zu ermöglichen, und wenn sie überzeugt sind, dass sie wirklich alles für den Patienten getan haben, was in ihrer Macht steht, können sie die Entscheidung treffen, die Behandlung abzubrechen. Die Medizin erhält ihn künstlich am Leben. Vincent kann nicht mehr über sein Leben bestimmen. Wenn die Ärzte sich zurückziehen, bedeutet dies, dass sie ihm seine Freiheit zurückgeben. Es ist nicht mehr die Medizin, die über sein Leben bestimmt, sondern die Natur, und Vincent stirbt, wenn er sterben muss.

Die Ärzte sagen mir, dass sie sich mitten im Entscheidungsprozess befänden und noch nichts entschieden sei. Um bei diesem Prozess keinen Aspekt zu übersehen, beziehen sie auch einen Professor der Ethikkommission der Klinik mit ein, der bisher nicht in die Behandlung des Patienten involviert war.

Anfang April treffen die Ärzte ihre Entscheidung. Ich erfahre, dass Vincents langsames Sterben eingeleitet wird. Am 10. April soll die künstliche Ernährung eingestellt werden. Ob ich damit einverstanden bin oder nicht, es entspricht Vincents Willen.

Am 5. April wird Vincents Mutter ihrerseits zu einem Gespräch gebeten. Die Ärzte sprechen allein mit ihr. Wir wollen uns am Nachmittag treffen. Ich halte es für eine gute Idee, dass wir beide über Vincent sprechen können, um zu überlegen, wie wir ihn in dieser Situation am besten unterstützen können.

»Kann ich mit dir sprechen?«, fragt Viviane mich in barschem Ton, der mir signalisiert, dass es ein angespanntes Gespräch werden wird.

Wir gehen in den Besucherraum. Sie macht mir Vorwürfe. Alles kommt auf den Tisch. Es ist schwierig für mich, mich gegen sie zu behaupten. Und ich hatte gedacht, wir würden über Vincent sprechen.

Ich habe das Gefühl, dass mir weitere Qualen auferlegt werden. Ich muss nicht nur verkraften, dass Vincents Behandlung abgebrochen werden soll, und akzeptieren, dass er sich dem Tod einen Schritt weiter nähert. Jetzt muss ich obendrein auch noch diese Feindseligkeit ertragen.

Sie wollen, dass die Behandlung wieder aufgenommen wird

Ohne die Magensonde und die Ernährungspumpe sieht Vincent fast nackt aus. Das Zimmer ist so leer. Er schläft. Er sieht aus, als wäre er von einer Last befreit. Seine Gesichtszüge sind entspannt. Er ist hübsch. Ich finde etwas von dem Vincent von damals wieder, ohne sein Lächeln und seine Stimme, aber er hat das Gesicht des jungen Mannes, den ich damals kennengelernt habe.

An diesem Mittwoch, dem 10. April, wird die künstliche Ernährung abgebrochen. Vincent macht einen ruhigen, friedlichen Eindruck. Ich wünsche mir, dass er bis zu seiner Erlösung in dieser Ruhe verharrt. Eine Woche vergeht und dann die zweite. Mehr denn je bin ich auf meine Rolle als treue Begleiterin meines Mannes fixiert. Ich konzentriere mich voll und ganz auf diese Aufgabe.

Es ist der 25. April. Von der Familie Lambert ist niemand gekommen. Ich weiß aber, dass Vincents Eltern ein Gespräch mit dem Arzt vereinbart haben. Als ich mit meiner Tochter im Krankenhaus ankomme, treffe ich eine meiner Schwägerinnen. Für sie ist es ein weiter Weg.

In Vincents Zimmer sitzen meine andere Schwägerin und mein Schwager. Soeben haben sie erfahren, dass die künstliche Ernährung eingestellt wurde. Sie sind überrascht, denn davon wussten sie nichts. Sie verstehen, was das für Vincent bedeutet und dass es das Beste für ihn ist. Ich sage, dass ich ihren

Bruder lieben würde. Seine Schwester antwortet: »Das wissen wir.«

Später will der Stationsarzt mit mir sprechen.

»Monsieur und Madame Lambert haben einen Gerichtsvollzieher beauftragt, um die Ärzte zu zwingen, die Behandlung Ihres Mannes wieder aufzunehmen.«

Ich falle aus allen Wolken. Damit habe ich nicht gerechnet. Es ist für mich wie ein Schlag ins Gesicht. Warum widersetzen seine Eltern sich so vehement? Warum wollen sie ihren Sohn nicht in Frieden sterben lassen? Vincent strebte immer nach Freiheit. Wieder einmal werden ihm seine freie Wahl und seine Rechte abgesprochen.

Ich bin am Boden zerstört.

Die Ärzte werden am nächsten Morgen mit den Lamberts sprechen.

Ich kehre an Vincents Bett zurück. Er wird bereits seit zwei Wochen nicht mehr künstlich ernährt. Ich habe wirklich den Eindruck, dass er auf dem Weg der Erlösung ist.

Madame Lambert spricht unter vier Augen mit mir und macht mir wieder Vorwürfe. Vincents Geschwister haben sich in dem Besucherraum versammelt.

Ich höre ihr Jammern.

Es ist so schwer für mich, mich von Vincent zu verabschieden, von meiner großen Liebe, dem Vater meiner Tochter, und auf diese Weise dieses Kapitel unseres Lebens abzuschließen.

»Wir müssen Vorbereitungen für die Beerdigung treffen, Rachel. Hast du dir schon etwas überlegt?«, werde ich gefragt.

»Vincent und ich haben uns immer gewünscht, Seite an Seite unsere letzte Ruhe zu finden. Da ich gerne in der Nähe meiner Großeltern im Nordosten Frankreichs, in Lothringen, beerdigt werden möchte, wird Vincent selbstverständlich auch dort beerdigt. Seine letzte Ruhestätte wird dort sein, wo wir uns kennengelernt haben. Er hat gesagt, für ihn sei es das Wichtigste, dass wir beide in derselben Grabstätte beerdigt würden. Vincent war mit dem Ort, den ich ausgewählt habe, einverstanden.«

»Das stimmt nicht. Das hätte Vincent niemals gewollt. Ich werde für ihn in der Basilika Saint-Remi in Reims eine Messe lesen lassen. Das ist das einzige Geschenk, das ich ihm machen kann.«

»Ich verstehe …«

Ich sage ja, ohne ja zu sagen, und nein, ohne nein zu sagen.

Die Lamberts informieren das medizinische Personal, dass sie nicht länger bleiben können, aber bald wiederkommen werden.

Ein paar Tage später sind sie erneut in Reims. Ich erfahre, dass sie die Ärzte, den Professor der Ethikkommission und Dr. Kariger, den Stationsarzt, der einen eventuellen Abbruch der Behandlung zuerst angesprochen hat, überzeugen wollen, ihre Meinung zu ändern. Ich dachte, sie hätten es verstanden, dass es das Beste ist, Vincent gehen zu lassen, weil sie sogar schon über die Beerdigung sprachen.

Inzwischen haben mich mehrere Leute aufgesucht oder mir geschrieben, um mit mir über Vincent zu sprechen und sich ein Urteil über mich zu bilden. Es fällt mir schwer, das alles zu verarbeiten, aber das sind noch nicht alle unangenehmen Überraschungen, die mir bevorstehen.

Etwas später erhalte ich einen Anruf von der Polizei. Der Polizist informiert mich, dass er mich im Rahmen einer Anzeige anhören müsse. Eine Anzeige? Warum? Gegen wen? Ich bin so schockiert, dass ich gar nicht richtig begreife, was er sagt. Ich werde aufs Polizeirevier gebeten. Die Frau meines Vaters begleitet mich.

Der Kriminalkommissar spricht mit mir über Vincent und fragt mich, ob ich über den Abbruch der Behandlung unterrichtet sei. Es ist absurd und unfassbar. Ich sitze im Büro eines Polizisten und spreche über den Gesundheitszustand meines Mannes.

Ich werde im Zusammenhang mit einer Anzeige von Vincents Eltern gegen unbekannt wegen Mordversuchs befragt. Der Kriminalkommissar gibt zu, dass er ein wenig erstaunt sei und mit derartigen Anzeigen nicht jeden Tag zu tun habe. Ich erzähle ihm auch von dem Brief, den ich erhalten habe und in dem ich beschuldigt werde, verantwortlich zu sein, falls mein Mann sterben sollte. Da sagt der Polizist diesen unglaublichen Satz:

»Wenn Ihre Tochter eines Tages Erklärungen von Ihnen verlangt, können Sie ihr meinen Namen nennen, damit ich ihr sage, dass Sie für den Tod ihres Vaters nicht verantwortlich sind.«

Ein Gerichtsmediziner soll Vincent untersuchen. Ich verstehe nicht, warum. Am 10. Mai stehe ich wegen der Anzeige noch immer unter Schock und erfahre, dass am Verwaltungsgericht in Châlons-en-Champagne ein Antrag auf Erlass einer einstweiligen Anordnung gestellt wurde gegen die Entscheidung von Dr. Eric Kariger, Arzt an der Universitätsklinik Reims, bewusst den Tod von Vincent Lambert herbeizuführen, indem ihm jegliche Nahrung und Flüssigkeit vorenthalten wird. Die Entscheidung soll am nächsten Tag fallen. Natürlich bin ich überrascht, und mir ist nicht klar, welches Risiko ein solcher Antrag birgt, da er nur beim Verwaltungsgericht gestellt wurde. Ich glaube, dass dieses Vorgehen keine Konsequenzen hat. Innerlich habe ich mich schon auf Vincents Tod eingestellt.

Am nächsten Tag bricht alles über mir zusammen. Der Stationsarzt informiert mich, dass das Krankenhaus von Gerichtsseite aufgefordert worden sei, die künstliche Ernährung wieder aufzunehmen. Diese absurde Entscheidung macht mich furchtbar wütend. »Per Anordnung vom 11. Mai stellt der Richter im Verfahren des vorläufigen Rechtsschutzes eine schwere und unmittelbare Gefahr für das Leben von Vincent Lambert fest und ordnet daher an, dass die künstliche Ernährung von Vincent Lambert umgehend wieder aufgenommen wird und ihm die in seinem Zustand angemessene Pflege zukommt.«

Wie können sie den Wunsch, Vincents Leiden würdevoll zu verkürzen, damit dieser Zustand beendet wird, der in seinen Augen unerträglich wäre, als Gefahr für sein Leben betrachten? Wie können sie es wagen, ihn durch diese Behandlung um jeden Preis künstlich am Leben zu erhalten? Dass Vincent einunddreißig Tage, nachdem die Behandlung eingestellt wurde, noch lebt, ist für seine Eltern der Beweis eines unglaublichen Widerstands. Es beweist in ihren Augen nicht nur eine besonders gute Konstitution, sondern auch den Willen zu leben. Sie behaupten sogar, dass Vincent über die Schritte, die unternommen würden, um ihn zu retten, informiert worden sei. Und das sei auch der Grund, warum er durchgehalten habe.

Die Eltern sitzen mit ihrem Anwalt an Vincents Bett, um zu überprüfen, ob die künstliche Ernährung wieder aufgenommen wurde.

Der Albtraum geht weiter.

Die »schwarzen Magier in weißen Kitteln«

Während dieser beiden Wochen habe ich das Gefühl, von allen Seiten angegriffen zu werden. Eines Tages sitze ich in Gedanken verloren auf dem Gang des Krankenhauses, als plötzlich eine Frau auftaucht, die mir irgendwie bekannt vorkommt. Ich kenne das Gesicht. Eine Freundin meiner Schwiegermutter steht vor mir. Eine Frau, die ich seit der Hochzeit von Vincents Schwester nicht mehr gesehen habe. Ich frage mich, was sie hier macht. Sie wirkt verlegen.

»Sie sind Vincents Frau, nicht wahr? Wir haben ihn gerade besucht. Ich hatte das Gefühl, es geht ihm nicht gut.«

Ich frage sie, ob sie Viviane Lambert gesehen habe. Sie verneint.

»Wir haben Vincent all die Jahre nicht besucht, und ich wollte das wiedergutmachen … Ich habe Vincents Gesicht berührt.«

Ich traue meinen Ohren nicht. Diese Frau, die ich kaum kenne, erdreistet sich, Vincents Gesicht zu berühren.

Die Ärztin kommt vorbei und fragt mich, ob ich die Frau kennen würde, die versucht habe, ihr medizinische Informationen über Vincent zu entlocken. Sie habe es für klüger gehalten, so wenig wie möglich zu sagen.

Als ich ein paar Tage später nach Hause komme, finde ich im Briefkasten einen Brief von dieser Frau. Ich öffne den Umschlag, aber ich kann den Brief unmöglich alleine lesen. Ich rufe meinen Vater an, um ihm den Brief vorzulesen. Meine

Stimme zittert, und es fällt mir schwer, die Sätze vorzulesen, die diese Frau geschrieben hat. In meinen Ohren klingen die Worte wie Paukenschläge.

»O mein Gott, Papa, das ist entsetzlich. Sie schreibt, dass ich die Macht hätte, über Vincents Leben und Tod zu entscheiden. Dass sie in der Kirche gebetet und während des Gebets einen kleinen Jungen weinen gehört habe, weil ihm der Bauch vor Hunger wehtat. Sie habe einen Zusammenhang zwischen dem hungrigen Jungen und dem Abbruch von Vincents künstlicher Ernährung gesehen. Sie schreibt, wenn Vincent es abstoßend finde, berührt zu werden, dann liege das daran, dass er verstehe, was es für ihn bedeute, dass ich mit den Ärzten unter einer Decke stecke! Sie beschuldigt mich sozusagen, Vincent töten zu wollen. Papa, ich kann nicht mehr … Woher hat sie meine Adresse?«

»Rachel, das ist doch kompletter Blödsinn. Du darfst nicht zulassen, dass dieser Brief dir so zusetzt. Da musst du drüberstehen. Du bist viel stärker als diese Leute.«

Noch an diesem Abend besuche ich Vincent. Seine Schwester ist da. Ich zeige ihr den Brief. Sie wird wütend, und wir rufen einen seiner Brüder an. Ich lese ihm den Brief vor, und dieses Mal breche ich in Tränen aus. Vincents Schwester ist klar, dass es die Anhänger der Piusbruderschaft sind, der seine Eltern nahestehen und die sich einmischen. Meine Schwägerin, die die Verfasserin des Briefes kennt, ruft die Frau an und fordert sie unmissverständlich auf, uns in Ruhe zu lassen.

Nachdem die Behandlung eingestellt worden war, traten die traditionalistisch orientierten Katholiken auf den Plan. Die Medien machten sich zum Sprachrohr für Vincents Eltern. Pierre Lambert hatte früher als Gynäkologe gearbeitet und sich in den Siebzigerjahren dem von Simone Veil ausgearbeiteten Gesetz zum Schwangerschaftsabbruch widersetzt. Viviane steht der Piusbruderschaft nahe, einer Bewegung traditionalistischer Katholiken, die vom Vatikan nicht anerkannt wird.

Am Tag vor der Entscheidung des Gerichts habe ich eine E-Mail von einem Priester aus einem Kloster erhalten, in dem wir während meiner Schwangerschaft einen Bruder von Vincent besucht hatten. Ich habe diesen Mann nur einmal gesehen. Und jetzt mischt er sich auf aggressive Weise in mein Leben ein. Ich fühle mich belästigt.

In einem betont wohlwollenden Ton bittet mich der Priester, mich nicht von »schwarzen Magiern in weißen Kitteln« manipulieren zu lassen. Er gibt vor, auf meiner Seite zu stehen, doch auch er legt es darauf an, mir ein schlechtes Gewissen zu machen. Er betont, dass ich die Macht habe, über Leben und Tod meines Mannes zu entscheiden.

Wieder einmal urteilt ein Unbekannter über mich und gibt mir die Schuld an Vincents Zustand. Während des Lesens ringe ich nach Atem. Jedes Wort macht mir zu schaffen, und jeder Satz deprimiert mich.

Er prophezeit mir, dass meine Tochter für ihr ganzes Leben traumatisiert sein werde, und das in weit schlimmerem Maße als durch den Anblick ihres kranken Vaters. Als er auch noch meine Tochter erwähnt, drehe ich fast durch. Dieser Mann hat die Stirn, über sie zu sprechen und zu beurteilen, was gut und was schlecht für sie ist. Die E-Mail ist ein Angriff auf meine Privatsphäre. Seine Worte treffen mich in meinem tiefsten Inneren.

Für ihn bin ich in zweifacher Hinsicht ein Opfer. Erstens eine Frau, die ihren Mann durch einen Verkehrsunfall frühzeitig verloren hat. Zweitens das Opfer »der Lügen und Manipulationen«, durch die diese »bösen Magier« wegen ihrer »schändlichen wirtschaftlichen Interessen« einen Keil zwischen mich und die Familie getrieben haben, um mir weiszumachen, es sei vollkommen schmerzlos, ihn zu töten, indem ihm absichtlich die Nahrung verweigert werde.

Nachdem er mich beschuldigt hat, den Tod meines Mannes herbeiführen zu wollen, versucht er nun, mir die in seinen Augen richtige Meinung aufzuschwatzen. Es fällt mir schwer, die E-Mail zu Ende zu lesen. Ich habe keine Kraft mehr. Am Schluss schreibt er, dass er immer für mich da sein werde, weil Priester im Unterschied zu Ärzten und Psychologen wüssten, was das Wort »verzeihen« bedeute. Wer hat dem Mann bloß meine E-Mail-Adresse gegeben?

Der Himmel stand mir bei

Es ist ein mit Buntstiften gezeichneter Vogel mit einem langen violetten Kopf und bläulichen Schwanzfedern. Eine Frau hält das gerahmte Bild fest. Diese Frau ist Vincents Schwägerin, sie beugt sich über sein Bett. Sie zeigt ihm das Bild mit dem Vogel und versucht eine Art Kommunikation mit meinem Mann herzustellen. Es sieht aus wie eine Inszenierung. Dieses Foto wird wenige Tage, nachdem die künstliche Ernährung wieder aufgenommen wurde, in der Zeitung *L'Union* veröffentlicht. Im Internet kann man sich dieses Bild noch immer ansehen.

Ich sorge mich um meine Tochter. Wenn ich sie von der Schule abhole, kommen wir oft bei einem Zeitungshändler vorbei, und ich habe Angst, dass sie das Foto von ihrem Vater sieht. In den Medien verbreitet ihre Großmutter ihre Sicht der Dinge, um zum Ausdruck zu bringen, wie sehr sie die Tötung ihres Sohnes missbilligt. Vincents Brüder und Schwestern melden sich zu Wort. Sein Neffe François, der Vincent nahesteht, meldet sich in der Presse ebenfalls zu Wort. Auch sie verstehen diese Verbissenheit nicht, mit der Vincents Eltern versuchen, ihren Sohn um jeden Preis am Leben zu erhalten.

Am 12. Mai 2013, dem Wochenende, als die künstliche Ernährung wieder aufgenommen wird, höre ich auf Radio Courtoisie ein Interview mit Jérôme Triomphe, dem Anwalt von Vincents Eltern. Er erzählt, was er nach der Wiederaufnahme der künstlichen Ernährung erlebt hat, als er Vincents Zimmer betrat: »Er hat seine Eltern erkannt. Es sah so aus, als hätte er uns erkannt.« Voller Begeisterung schildert er, was er während der Verhandlung empfunden habe: »Ich war vom Heiligen Geist erfüllt. Ich glaube, ich war nicht allein, als ich mein Plädoyer hielt. Der Himmel stand mir bei.«

Ich bin fix und fertig. Es bestürzt mich zutiefst, dass alles, was nur uns etwas angeht, in die Öffentlichkeit gezerrt wird. Die Welt rings um mich herum stürzt ein. Ich bin psychisch angegriffen und körperlich auch. Abgesehen von Vincents Unfall war ich niemals einer solchen Belastungsprobe ausgesetzt.

Ich fühle mich, als wäre ich verprügelt worden. Nie zuvor in meinem Leben war ich dermaßen erschöpft. Manchmal fürchte ich fast, ich würde das alles nicht überleben. Ich finde keine anderen Worte, um zu beschreiben, wie angeschlagen und verzweifelt ich bin. Vincent, der in seinem Niemandsland eingeschlossen ist, seine Eltern, die den Feldzug gegen mich führen, und meine Tochter mit ihrer Lebensfreude fordern meine Aufmerksamkeit. All diesen Anforderungen muss ich gerecht werden.

Selbst wenn Viviane es kategorisch abstreitet, scheint ihr Kampf, den sie gemeinsam mit einer Schwester und einem Halbbruder von Vincent führt, um ihren Sohn vor dem »Tod« und der »Ermordung« zu retten, wie es ihr Anwalt ausdrückt, inzwischen religiös motiviert zu sein. Auf Webseiten radikaler Gruppierungen wie Riposte catholique, Salon beige oder dem Blog von Jeanne Smits, die eine Zeitlang Mitarbeiterin von *Présent* war, wurden die ersten Informationen über Vincent veröffentlicht. Mit Schrecken entdecke ich auf der Webseite von Jeanne Smits einen Artikel, der mich sprachlos macht.

Dort erfährt man, dass der siebenunddreißigjährige Vincent Lambert gerettet sei. Ich bin schockiert. Als Beweis wird angeführt, dass er gelächelt habe und seine Eltern bei ihrem Besuch in seinem Krankenzimmer sein friedliches Gesicht gesehen hätten. Doch das ist noch nicht alles. Vincent sei nicht nur »gerettet, sondern er wird allmählich auch kräftiger!« Dort steht, dass sich sein Zustand seit dem Vortag gebessert habe, obwohl die künstliche Ernährung und Flüssigkeitszufuhr erst seit ein paar Tagen wieder aufgenommen worden seien. Die Autorin schreibt, dass Vincents Eltern sein Lächeln bemerkt hätten, das aber in erster Linie einer der Pflegehelferinnen gegolten habe.

Fassungslos starre ich auf den Monitor. Es kostet mich Überwindung, die Kommentare über Vincents »verschlagenes, schönes und verständnisinniges« Lächeln zu lesen, das ihn so hübsch aussehen lasse.

Ich betrachte die Fotos von ihm, die neben mir liegen.

Dann nehme ich meinen ganzen Mut zusammen, um den Artikel zu Ende zu lesen. Das behutsame Einleiten des Sterbeprozesses wird hier als vorsätzlicher Entzug der Ernährung und Flüssigkeit bezeichnet und das Ärzteteam in Anführungszeichen gesetzt, um seine Fähigkeiten anzuzweifeln. Die Autorin des Textes stellt sich vor, wie sehr die Pflegehelferin sich gefreut haben muss, als er gelächelt hat. Mir bleibt die detaillierte Beschreibung der Szene nicht erspart:

»›Haben Sie es gesehen? Wenn ich Vincent übers Haar streiche, lächelt er‹, sagt eine der Pflegehelferinnen.

Und während sie ihm übers Haar streicht, fragt sie ihn: ›Monsieur Lambert? Erkennen Sie mich? Ich bin wieder da. Lächeln Sie. Dann streiche ich Ihnen wieder übers Haar.‹

Und Vincent lächelt. Sie sagt es noch zwei Mal. ›Lächeln Sie!‹ Und er tut es. Seine Eltern, die vor Freude ganz außer sich sind, haben gesehen, dass es sich nicht um einen Reflex handelt, sondern um eine bewusste Reaktion.«

Wie kann diese Autorin es wagen, sich Vincent auf diese

Weise zu bemächtigen, ohne ihn zu kennen, und die Reaktionen einer Pflegehelferin auf diese Weise zu schildern? Ich platze vor Wut.

In anderen Veröffentlichungen wird auch über Vincent geschrieben, aber er wird Hervé genannt in Bezug auf Hervé Pierra. Dieser junge Mann starb 2008 mit achtundzwanzig Jahren, nachdem er acht Jahre im Wachkoma gelegen hatte und sechs Tage medizinisch beim Sterben begleitet wurde, um sanft in den Tod hinüberzugleiten.

Er war einer der ersten Fälle, in dem das Gesetz Leonetti Anwendung fand, das die passive Sterbehilfe legalisiert.

Der letzte Beweis meiner Liebe

Und wie, glauben Sie, wird es jetzt weitergehen?«
»Ich möchte, dass Vincent als der Mann, der er früher war, wahrgenommen und respektiert wird. Ich halte die Entscheidung, die Behandlung einzustellen, noch immer für richtig. Sechs seiner acht Geschwister teilen diese Meinung. Denjenigen, die glauben wollen oder andeuten – wie ich es gelesen habe –, ich hätte ein Interesse daran, dass mein Mann stirbt, möchte ich sagen, dass er trotz seiner Behinderung immer mein Mann geblieben ist und dass der Schmerz, ihn zu verlieren, immer ungeheuer groß sein wird. Ich lasse ihn nicht um meinetwillen gehen, sondern um seinetwillen. Vincent gehen zu lassen, das ist der letzte Beweis meiner Liebe.«

Am 30. Mai 2013 kaufe ich mir Le Monde und lese das Interview, das ich der Zeitung vor einiger Zeit gegeben habe und das heute veröffentlicht wird. Hier steht meine Version der Geschichte. Ich stelle die Wahrheit wiederher. Ich kann nicht mehr zulassen, dass andere, die all die Jahre nicht an seiner Seite waren, sich unserer Geschichte bemächtigen.

Als die Journalisten der Zeitung mich um ein Interview baten, war ich einverstanden, aber nur unter einer Bedingung. Und so verständigten wir uns über die Modalitäten des Interviews: Vorlage des gesamten Interviews vor der Veröffentlichung, damit ich es lesen kann, und keine Fotos, nur das meiner Hände mit meinem Ehering.

Später habe ich France Bleu ein Interview gegeben, nachdem ich mich mit der Journalistin getroffen hatte. Richtig wohl war mir allerdings nicht dabei. Trotzdem wird das Interview auf France 3 Champagne-Lorraine gezeigt, wobei mein Gesicht nicht zu sehen ist. Das Gespräch wird später auch landesweit ausgestrahlt, ohne dass dies vorher mit mir abgesprochen wurde. François Lambert und einige von Vincents Geschwistern melden sich ebenfalls in den Medien zu Wort, um die Öffentlichkeit für ihren Standpunkt zu gewinnen.

Mittlerweile habe ich zwei Anwälte. Wir überlegen, wie es uns gelingen könnte, dass die Entscheidung des Verwaltungsgerichts aufgehoben wird. Auch wenn ich in das erste Gerichtsverfahren nicht involviert war, bleibt mir nun nichts anderes übrig, als mich an dem Verfahren zu beteiligen. Es geht um meinen Mann und um unsere gemeinsame Zeit.

François Lambert, Vincents Neffe, und seine Geschwister sprechen über Vincents schwierige Kindheit und seine konfliktreiche Beziehung zu seinen Eltern. Sie erklären, dass er niemals gewollt hätte, dass sie über sein Leben bestimmen. Im Juli reichen die Anwälte bei Gericht einen Antrag ein.

Normalerweise muss das Gericht innerhalb von achtundvierzig Stunden darauf reagieren, um einen Termin für eine Verhandlung festzusetzen. Doch es entscheidet, dass es keine Verhandlung geben wird. In wessen Namen, frage ich mich. Das Gericht ist unabhängig. Daran darf es nicht den geringsten Zweifel geben.

Inzwischen haben die Lamberts Ärzte beauftragt, sich an Vincents Bett zu versammeln und seine Situation zu begutachten, um anschließend einen Antrag auf Betreuung ihres Sohnes stellen zu können.

Diese Dinge werden in die Wege geleitet, ohne dass ich persönlich informiert werde.

Mein Leben ist ein einziger Albtraum. Was wird von unserer Ehe übrig bleiben? Ich habe das Gefühl, keine Bedeutung mehr zu besitzen. Wo ist mein Platz? Wenn ihnen die Betreuung zugesprochen wird, würde man mir das wenige, was von der Beziehung zwischen Vincent und mir bleibt, entreißen und einen Teil meiner Identität dazu. Als wäre ich plötzlich eine geschiedene Frau, ohne dass ich das gewollt hätte.

Ich kann nicht mehr. Ich bin furchtbar erschöpft. Ich führe mir vor Augen, was diese Wende, die die Ereignisse nehmen, für mich bedeutet. Unbekannte kennen meine Adresse. Ich fühle mich nicht mehr sicher. Ich habe Angst um unsere Tochter. Ich frage mich, wohin das noch führen wird.

Und dann der Druck der Medien, den ich kaum aushalte. Diese Geschichte nimmt unglaubliche Ausmaße an und vernichtet mich nach den schmerzvollen Jahren an Vincents Seite vollends.

Dritter Teil

Der Fall Vincent Lambert

Ein endloser Kampf

Einige Zeit nach der Entscheidung des Gerichts vom 11. Mai 2013 sitze ich mit meinem Vater unten im Krankenhaus in Reims. Ich habe nicht die geringste Lust, mich auf diesem Gang aufzuhalten. Doch ich werde im Büro von Dr. Kariger zu einem Treffen mit Vincents Eltern erwartet. Ich habe einen Kloß im Hals. Ich habe Angst vor ihren Angriffen. Mir fehlt die Kraft, alleine zu kommen. Vincents Geschwister haben mich gewarnt, dass ihre Eltern etwas im Schilde führten.

Als wir ankommen, sind Vincents Eltern bereits im Büro des Arztes. Wir bleiben draußen, denn die Eltern akzeptieren die Anwesenheit meines Vaters nicht.

Ich begreife, dass das Ziel dieses Gesprächs auf gar keinen Fall ein konstruktiver Gedankenaustausch sein sollte. Der Beweis ist die ablehnende Haltung meinem Vater gegenüber. Das Gespräch fällt ins Wasser.

Dr. Kariger spricht zuerst mit Vincents Eltern. Sie wollen, dass Vincent in ein anderes Krankenhaus verlegt wird. Dieser Gedanke beunruhigt mich. Vincent hat sich an die Stimmen des Pflegepersonals gewöhnt. Hier ist er in einer vertrauten Umgebung, die beruhigend auf ihn wirkt. Es bestünde das Risiko, dass er die Orientierung verliert. Aus medizinischer Sicht besteht kein Grund, ihm eine solch tiefgreifende Veränderung zuzumuten. Hier wurde er immer gut versorgt, sowohl von den Ärzten als auch vom Pflegepersonal.

Für das Krankenhaus kommt es nicht infrage, Vincent aufzugeben.

Mein Vater ist der Meinung, dass es für mich an der Zeit sei, mich dem Kampf zu stellen, aber auf andere Weise. Er schlägt mir vor, mit meiner Tochter zu ihm zu ziehen, damit er uns beschützen und ich Kräfte sammeln könne, ehe ich in den Ring steigen würde, um mich mit den Medien und den Gerichten auseinanderzusetzen. Diese Entscheidung treffe ich nicht frohen Herzens, aber mir bleibt keine andere Wahl. Ich bin dazu gezwungen.

So stürze ich mich denn also in den Rechtsstreit, auch wenn ich, um das tun zu können, eine größere Entfernung zu Vincent in Kauf nehmen muss.

Das ist ein Akt der Liebe!

Der Sommer vergeht, und die Ärzte beschließen, erneut eine Beurteilung von Vincents Zustand vorzunehmen. Sie wollen ein Ärzteteam zusammenstellen und dieses Mal alle Familienmitglieder mit in den Entscheidungsprozess einbeziehen.

Wir überlegen, wessen Meinung berücksichtigt werden soll. Die von Vincents Eltern und Geschwistern, doch es besteht keine Einigkeit in Bezug auf François Lambert, Vincents Neffen. Die Geschwister, die für den Abbruch der Behandlung sind, und ich glauben, dass er Vincent nähersteht als einige seiner Geschwister, die sich gegen den Abbruch der Behandlung stellen könnten.

Ich stehe mit meinem Vater neben der Kaffeemaschine und bin furchtbar nervös, denn in fünf Minuten wird der Familienrat zum ersten Mal zusammenkommen.

Es ist der Abend des 27. September. Vor mir liegt wieder ein langer Weg. Ich weiß, dass dieser Kampf Wochen und vielleicht sogar Monate dauern wird. Zu dem Kampf um Vincents Leben kommt noch der gegen seine Eltern hinzu.

Vincents Mutter nähert sich. Und geht dann an uns vorbei, ohne uns zu begrüßen. Ich werde mich zwei Stunden lang in demselben Raum aufhalten wie seine Eltern und habe Angst vor den Anfeindungen. Ich weiß nicht, ob ich das aushalte.

Ich besuche Vincent, um Kraft zu tanken. Anschließend gehe ich in den Raum, in dem das Treffen stattfindet. Sie sind alle da. Ich habe das Gefühl, einen Gerichtssaal zu betreten.

»Guten Tag, Rachel.«

Ich reagiere nicht auf die Begrüßung von Vincents Eltern und seines Halbbruders, die hocherhobenen Hauptes dort sitzen. Es geht mir nicht darum, ihnen die kalte Schulter zu zeigen, aber ich muss mich schützen. Seit Monaten versuchen sie nun schon, mich zu vernichten, und jetzt soll ich so tun, als wäre alles in Ordnung? Das sehe ich nicht ein.

Dr. Kariger eröffnet die Sitzung.

»Ich wünsche, dass die Diskussionen in einer friedlichen Atmosphäre stattfinden. Im Hinblick auf die schwierige Situation, in der sich alle befinden, ist das besonders wichtig.«

Der Reihe nach bekräftigt jeder seine Position, die sich in den letzten vier Monaten nicht geändert hat. Auf der einen Seite äußern Viviane und Pierre Lambert, Vincents Schwester Anne und sein Halbbruder David einmal mehr ihr Unverständnis gegenüber der seinerzeit getroffenen Entscheidung, die künstliche Ernährung einzustellen. Vincents Schwester Marie, sein Bruder Joseph, seine Halbschwester Marie-Geneviève, seine Halbbrüder Guy Noël, Dominique, Frédérique und ich möchten hingegen, dass Vincent in Frieden sterben darf.

»Vincent liegt nicht im Sterben und ist nicht krank. Er kann sich noch immer erholen, wenn er die Behandlung bekommt, die er braucht. Seit Februar 2012 wurde keine Magnetresonanztomographie gemacht. Die Rehabilitationsmaßnahmen müssen wieder aufgenommen werden.«

Viviane Lambert klammert sich an die Hoffnung, dass sich der Zustand ihres Sohnes bessern könnte. Sie begreift nicht, dass aus medizinischer Sicht alles für Vincent getan wurde. Ich lasse mir meine Verärgerung nicht anmerken und höre zu.

»Vincent ist hier nicht auf der richtigen Station. Auf der neurologischen Station in Nancy wäre er besser aufgehoben.

Wir vertrauen diesem Ärzteteam nicht mehr. Es ist inakzeptabel, Vincent verhungern zu lassen.«

Warum wollen sie unbedingt, dass ihr Sohn in ein anderes Krankenhaus verlegt wird?

»Und zudem ist Vincents Verhalten sehr schwer zu interpretieren … Wir glauben, dass er jetzt in Bezug auf Sterbehilfe und lebenserhaltende Maßnahmen eine andere Meinung haben könnte als damals, als er noch gesund war.«

Wieder ein Versuch, meine Worte in Zweifel zu ziehen oder herunterzuspielen, welche Bedeutung Vincents Position hat. Ich weiß genau, welche Position mein Mann vertrat. Und sie hat sich mit Sicherheit seit dem Unfall und seitdem sich sein Zustand verschlechtert hat, nicht verändert. Als er noch gesund war, wollte er, dass ich ihm verspreche, ihn in einer solch aussichtslosen Situation sterben zu lassen. Darum werde ich ihn jetzt bestimmt nicht verraten.

Sie zitieren die Argumente von Professor Didier Sicard, der bis 2008 Präsident des nationalen Ethikrates war: »Wenn mehrere Familienmitglieder unterschiedlicher Meinung sind und die Person keine Patientenverfügung hinterlassen hat, tendieren die Gerichte dazu, die Person zu unterstützen, die für den Erhalt des Lebens eintritt, selbst wenn es unvernünftig ist.«

Wieder einmal streiten sie die Tatsache ab, dass Vincent mir seinen Willen anvertraut haben könnte.

Jetzt folgen mein Statement und die der anderen Familienmitglieder, die meinen Standpunkt teilen. Für sie ist es selbstverständlich, dass ich die gemeinsame Position vortrage. Wir erklären, dass Vincent sinngemäß gesagt habe, für ihn besitze ein Leben als schwer hilfsbedürftiger Mensch keinen Sinn. Wir seien der Meinung, dass diese Aussage genauso viel Gewicht habe wie eine schriftliche Patientenverfügung, fügen wir hinzu.

Vincent sei ein charakterfester Mensch, der sehr intensiv gelebt habe und der sich mit einem so reduzierten Dasein nicht zufrieden gegeben hätte. Wir bekräftigen, dass sein Wille respektiert werden müsse.

Es ist qualvoll für mich, noch einmal vorzutragen, dass Vincent lebensverlängernden Maßnahmen ablehnend gegenübergestanden habe. Jedes Mal durchlebe ich erneut den Augenblick, als ich ihm versprechen musste, niemals zuzulassen, dass er eines Tages ans Bett gefesselt dahinvegetiere. Ich ringe nach Atem und versuche die notwendige Kraft zu mobilisieren, damit Vincent in seinem Wunsch erhört wird.

»Vincent in Frieden gehen zu lassen, das ist keine Sterbehilfe, sondern ein Akt der Liebe. Das bedeutet auch, sein Leben zu respektieren.«

Jetzt ergreift Dr. Kariger das Wort.

»Seit dem 11. Mai und der Wiederaufnahme der künstlichen Ernährung hat sich Vincents Zustand aus medizinischer Sicht kaum verändert. Wach- und Schlafphasen wechseln sich bei ihm ab. Alle Möglichkeiten, um den Aufwachprozess positiv zu beeinflussen, wurden ausgeschöpft: das Gutachten des Forschungszentrums für Komapatienten in Lüttich, die siebenundachtzig logopädischen Sitzungen. Trotz all dieser Maßnahmen haben wir keine Fortschritte beobachtet, und es konnte keine zuverlässige Kommunikationsmethode etabliert werden. Darum wurden die Sitzungen abgebrochen.«

Ich finde es befremdlich und sogar peinlich, dass ein Arzt sich auf diese Weise verteidigen muss. Als träfe ihn irgendeine Schuld, obwohl wirklich alles versucht worden war.

Der Arzt spricht über den Wunsch von Vincents Eltern, ihren Sohn in ein anderes Krankenhaus verlegen zu lassen.

»Vincent ist nicht mein persönliches Eigentum, aber mir obliegt als Arzt die Verantwortung, aus medizinischer Sicht die

Interessen des Patienten zu vertreten. Eine Verlegung könnte bei ihm zu einem Trauma führen.«

Eric Kariger schlägt vor, drei neue Ärzte in das Ärzteteam aufzunehmen, um eine genaue Einschätzung von Vincents Zustand vorzunehmen und zu einer Entscheidung zu gelangen: ein Arzt meiner Wahl, einer, den Vincents Eltern auswählen, und ein dritter, den das Ärzteteam bestimmt. Er betont, dass das Ärzteteam nach intensiven Überlegungen zu einem Vorschlag kommen werde, den es dem Familienrat vorstellen und erklären werde. Er besteht darauf, dass die Meinungen aller Mitglieder des Familienrates berücksichtigt werden.

In diesen beiden Stunden fühle ich mich irgendwie fehl am Platz. Auch wenn dies angeblich ein Familienrat sein soll, habe ich das Gefühl, nicht mehr zu dieser Familie zu gehören. Und das, obwohl die Mehrheit der Lamberts meinen Standpunkt teilt.

Die Medien haben erfahren, dass eine Besprechung in diesem Rahmen stattfinden soll. Vor der Sitzung erhielt ich einen Anruf von einem Journalisten, der mich nach der Uhrzeit der ersten Sitzung fragte. Ich informierte sofort das Krankenhaus und die Familie, um zu überlegen, wie wir es vermeiden können, vor dem Krankenhaus von Journalisten abgefangen zu werden. Eric Kariger war bereit, nach dem Ende der Sitzung eine Pressekonferenz abzuhalten.

Vorwürfe und Schuldzuweisungen in dieser Besprechung vermittelten mir wieder das Gefühl, als würden sie mit dem Finger auf mich zeigen: Sie fügen mir Kränkungen zu, doch besonders trifft es mich, dass Vincents Willen, den er klar geäußert hat, kein Gehör geschenkt wird.

Das ist kein Kranker wie jeder andere

Ich verlasse Vincents Zimmer. Noch immer hat sich sein Zustand nicht gebessert. Ich habe zwischenzeitlich jede Hoffnung verloren und hoffe nur, dass er nicht zu sehr leidet, dass die Behandlung ihn nicht zu sehr mitnimmt und sie für seinen Körper und seine Seele noch erträglich ist.

Ich erfahre, dass Dr. Kariger besorgt ist. Er hat von Vincents Eltern einen Brief erhalten, in dem sie ihn »des Mordversuchs an einer schutzbedürftigen Person« und »der Tötung« beschuldigen. Sie werfen ihm vor, »Maßnahmen ergreifen zu wollen, damit er stirbt«, bedrohen ihn und stellen seine Fähigkeiten als Arzt in Frage.

Vincents Vater zitiert eine Passage aus dem Eid des Hippokrates, um seine Position zu untermauern: »Ich werde alles tun, um Leiden zu lindern. Ich werde Leiden nicht unnötig verlängern. Ich werde niemals bewusst den Tod herbeiführen.«

In ein paar Tagen kommt der Familienrat wieder zusammen. Es besteht die Gefahr, dass es stürmisch zugehen wird.

Am 16. November 2013 treffen wir uns alle am späten Vormittag im Besprechungsraum. Zu Beginn herrscht bedrückende Stille. Alle weichen den Blicken der anderen aus. Einige von Vincents Brüdern und eine seiner Schwestern halten es für wichtig, zuerst den Brief ihrer Eltern an Dr. Kariger anzusprechen. Sie sind ebenso schockiert wie ich.

Aus diesem Grunde ist es ihnen wichtig, Dr. Kariger und seinem Ärzteteam ihr Vertrauen auszusprechen.

»Es handelt sich um das Ärzte- und Pflegeteam, das Vincent seit fünf Jahren am nächsten steht und das am besten einschätzen kann, was er will«, betont Joseph, einer von Vincents Brüdern.

»Es ist unverschämt, die Ärzte eines Komplotts zu bezichtigen«, ereifert sich seine Schwester Marie. »Ich protestiere gegen die Übertreibungen und Anfeindungen in diesem Brief«, fährt sie fort.

Und dann geht es wieder um Vincents Willen. Ebenso wie ich glauben einige, dass es bedeutet, ihn zum Schweigen zu bringen und seine Freiheit in Frage zu stellen, wenn man ihm verbietet, sterben zu dürfen. Dass Vincent existiert, ohne leben zu können, und dass sein Wille unbedingt respektiert werden muss. »Der Meinung zu sein, es sei wünschenswert, wenn er weiterlebt, das ist eine Sichtweise, aber nicht seine«, sagt Marie. »Diese Hartnäckigkeit, mit der er am Leben erhalten wird, ist eine Form der Misshandlung.«

Dann melde ich mich zu Wort. Meine Kehle ist wie zugeschnürt und meine Stimme plötzlich hell und leise.

»Ich bleibe dabei, dass Vincent sich eindeutig dazu geäußert hat, dass er lebensverlängernde Maßnahmen immer strikt abgelehnt hat, falls er eines Tages schwerst pflegebedürftig oder stark behindert sein sollte.«

Was ich zu sagen habe, ist schwierig auszudrücken, und es ist auch nicht einfach, es sich anzuhören. Darum habe ich alles aufgeschrieben. Das mache ich immer so, wenn ich etwas Wichtiges vortragen muss.

Ich lese die schmerzlichen Zeilen vor. Ich erinnere die Anwesenden an Vorkommnisse in Vincents Leben, die heute einiges erklären können. Der Körper vergisst nichts.

Ich weiß sehr wohl, dass das nicht allen gefallen wird. Aber das ist mir egal, denn nur Vincent zählt. Die Wahrheit ist hart, aber ich bin mir meiner Verantwortung durchaus bewusst. Es interessiert mich nicht, wenn ich sie schockiere. Für mich ist es weniger schockierend, als zu sehen, dass Menschen, unter denen Vincent gelitten hat, sich seines Falles bemächtigen.

Seine Schwester Marie hält es für wichtig, über die Familiengeschichte und das religiöse Umfeld zu sprechen, in dem Vincent aufgewachsen ist. Sie erzählt, dass ihr Bruder seine ganze Kindheit im Internat verbracht habe und er daher nicht der traditionalistisch orientierten religiösen Ideologie ausgesetzt gewesen sei. Vincent sei immer ein spiritueller Mensch gewesen, doch er habe dieses strenggläubige Milieu zurückgewiesen und sei aus dieser Enge geflohen, in der er zu ersticken drohte.

Das hinderte ihn jedoch nicht daran, zwischen der sektiererischen Seite der Religion und der spirituellen Seite zu unterscheiden. Er war viel zu intelligent, um das nicht zu tun. Er glaubte fest daran, dass es noch eine andere Dimension geben müsse. Religiöse Verbote ertrug er nicht.

Schweigen. Die Atmosphäre ist jetzt noch angespannter. (Später werde ich mir anhören müssen, wie empört sie über das seien, was ich vorgetragen hätte.)

Anschließend spricht Viviane Lambert. Sie zählt die »Fehler« auf, die dem Ärzteteam unterlaufen seien, versichert, dass sie ihr Vertrauen zu den Ärzten vollkommen verloren habe, und rechtfertigt so ihre Bitte um Vincents »Verlegung« nach Nancy, »sodass die Basis für einen Neubeginn geschaffen wird«. Sie beteuert, aus reiner Liebe zu handeln. Die Entscheidung, die künstliche Ernährung im April 2013 einzustellen, betrachtet sie als illegal. Sie sagt noch einmal, dass Vincent nicht im Sterben liege und Anrecht auf eine angemessene Pflege habe – ebenso wie auf Physiotherapie.

Dr. Kariger erinnert sie daran, dass aus medizinischer Sicht alles für Vincent getan worden sei. Je länger er an dem Schädelhirntrauma leide, desto geringer sei die Chance einer Genesung. Zum gegenwärtigen Zeitpunkt bestehe keine Hoffnung mehr, dass der Patient sich erholen könnte. Er erklärt, dass seine Abteilung sich zum ersten Mal mit der Frage auseinandergesetzt habe, ob es richtig sei, einen Patienten durch die künstliche Ernährung und Flüssigkeitszufuhr um jeden Preis am Leben zu erhalten. Die Ärztin, die ihn von Anfang an behandelt habe, so fügt er hinzu, habe kein Interesse daran, ihn gehen zu lassen.

»Es wäre einfach und feige, alles so zu lassen, wie es ist. Vincent ist kein Kranker wie jeder andere. Das ist Vincent Lambert mit seinen Besonderheiten und seiner eigenen Geschichte.«

Der Arzt erklärt, was die Ärzte auf der Suche nach einer Entscheidung alles berücksichtigen müssten: den Willen des Patienten, falls er diesen geäußert habe; seinen aktuellen Zustand, Schmerzen, die er empfinden könnte; die weitere Entwicklung seines Zustandes und die Berücksichtigung seiner Interessen in Hinblick auf die Zukunft, auch das Leid seiner Familie und die Frage, wie sich sein Schicksal auf diese auswirke; das Berufsethos der Ärzte und die rechtlichen Zwänge. Die mögliche Entscheidung für einen Abbruch oder eine Einschränkung der Behandlung sei eine medizinische Entscheidung, bei der die Meinung der Familie unbedingt berücksichtigt werden müsse. Es sei unvermeidbar, dass jedes Familienmitglied die Verantwortung für die Entscheidung trage.

Er erinnert alle daran, dass die Ärzte sich bei ihren Einschätzungen innerhalb eines ethischen und rechtlichen Rahmens bewegen müssten, der auf jeden Fall zu respektieren sei. Sie hätten als Ärzte die Pflicht, den Patienten zu schützen, und sie dürften sich nicht an ihren persönlichen Überzeugungen orientieren. Eric Kariger, ein gläubiger Katholik, ist übrigens kein glühender Anhänger der Sterbehilfe ...

Dr. Kariger bestätigt noch einmal, dass jeder einen Experten habe auswählen können. Drei neue Kollegen werden dementsprechend gemeinsam mit François Blanchard, Gründungsmitglied der Ethikkommission der Universitätsklinik Reims, ihren Sachverstand einbringen. Dr. Véronique Fournier, Leiterin des Ethikzentrums des Hôpital Cochin in Paris, Dr. Bernard Devalois, der leitende Arzt der Palliativstation des Krankenhauses in Pontoise, und Xavier Ducrocq, Neurologe und Präsident der Ethikkommission an der Universitätsklinik Nancy. (Dieser Professor hatte Dr. Kariger übrigens bereits im Frühjahr 2013 geschrieben, um seine Bedenken in Bezug auf den Abbruch der künstlichen Ernährung auszudrücken, obwohl er Vincent nicht ein einziges Mal gesehen hatte ...)

Dieser Schritt ist notwendig, um die Erfahrungen unterschiedlicher Experten zu nutzen, damit eine schwierige Situation nuancierter beurteilt werden kann, in der eine einseitige Sicht zwangsläufig auch eine eingeschränkte Sicht wäre.

»Eine vernünftige Entscheidung ergibt sich vermutlich eher aus einer Diskussion als aus einem medizinischen Monolog, wenn dieser nicht nur auf medizinischem Fachwissen basiert. Unser einziges Ziel ist es, im Rahmen unseres Berufsethos und der Gesetze zu versuchen, möglichst so zu handeln, wie es Vincents Willen und Interessen entspricht«, betont Dr. Kariger.

Die Ärzte verabreden für den 9. Dezember 2013 ihr erstes Treffen. Zwei Tage vorher schreibt Professor Ducrocq, der von Vincents Eltern ausgewählte Experte, einen Brief an Eric Kariger, um ihm nahezulegen, aus dem Expertenteam auszuscheiden. Er schreibt, dass die Basis für eine Zusammenarbeit nicht mehr gegeben und es dringend erforderlich sei, den Patienten in ein anderes Krankenhaus zu verlegen.

Am selben Tag bittet der Professor mich um ein Treffen. Ich antworte ihm, es sei mein Wunsch, dass die Ärzte unabhängig arbeiten könnten. Da ich mich nicht in die medizinischen Entscheidungen einmischen wolle, zöge ich es vor, mich vorerst nicht mit ihm zu treffen, um ihn in seiner freien Entscheidung nicht zu beeinflussen.

Ich bin Madame Lambert

Tun Sie, was Sie tun müssen. Das tun wir auch!«
Die Tür fällt zu. Vincents Mutter verlässt den Raum. An
diesem 11. Januar 2014 hat Dr. Kariger soeben allen Mitglie-
dern des Familienrates seine Entscheidung mitgeteilt, zu der er
nach dem erneuten Prozess intensiver Überlegungen und unter Berücksichtigung aller neuen Einschätzungen gekommen
sei. Die Behandlung solle erneut abgebrochen werden. Er erklärt uns, wie es zu dieser Entscheidung gekommen sei und zu
welchen Ergebnissen die Untersuchungen des Patienten und
die Diskussionen der Spezialisten geführt hätten. Vincents
Mutter schaut verärgert auf die Uhr und nimmt sich nicht einmal die Zeit, sich seine Argumentation bis zum Schluss anzuhören.

»Madame Lambert, bleiben Sie doch bitte. Es ist wichtig für
Vincent ...«

Sie verlässt den Raum, ehe er den Satz beendet hat.

Es herrscht Schweigen. Ich denke an die letzten Monate
und an mein Verhältnis zu ihr.

Ich habe den Eindruck, dass die Geschichte sich in einen
Kampf zwischen zwei Frauen verwandelt, die Ehefrau gegen
die Mutter, die Mutter gegen die Ehefrau. Wenn nicht Vincent, sondern stattdessen ich den Unfall gehabt hätte und nun
in diesem Krankenhausbett liegen würde, hätten meine Eltern kein Recht gehabt, Entscheidungen für mich zu treffen.
Mein Ehemann hätte die Ärzte über meinen Willen informiert,

meine Familie des Herzens und nicht meine Ursprungsfamilie hätte entschieden.

Der Konflikt zwischen Vincents Mutter und mir spitzt sich von Woche zu Woche immer weiter zu. In dem Brief an Dr. Kariger deutete sie an, dass sie – ebenso wie viele andere – glaube, ich würde mir Vincents Tod wünschen, um ein neues Leben beginnen zu können …

Ich bin in Vincents Leben getreten, als sein Charakter schon geformt war. Als er den Unfall hatte, war er verheiratet und Vater. Er erlitt den Unfall nicht mit achtzehn Jahren, sondern mit zweiunddreißig.

Außer Viviane sind alle noch da. Sogar David, Vincents Halbbruder, und Anne, seine Schwester, die sich dem Abbruch der Behandlung immer widersetzt haben. Der Arzt betont die Tatsache, dass es für Vincent ein wahres Trauma gewesen sei, als die Behandlung seinerzeit abgebrochen und später wieder aufgenommen wurde. Einen solchen Schock dürfe Vincent nicht noch einmal erleiden. Der Arzt lässt ihnen achtundvierzig Stunden Zeit, um darüber nachzudenken.

Während dieser beiden Tage bin ich angespannt und immer in Alarmbereitschaft. Ich habe jedoch wenig Hoffnung. Ich weiß sehr wohl, dass die Lamberts den Rechtsweg einschlagen können, und ich hege nicht den geringsten Zweifel, dass sie es auch tun werden.

Am 13. Januar 2014 stellen sie beim Verwaltungsgericht in Châlons einen Antrag auf Erlass einer einstweiligen Anordnung. Der Schriftsatz umfasst dreiundfünfzig Seiten. Ich blättere die dicke Akte durch. Die Argumente von Vincents Eltern kenne ich in- und auswendig. Mir wird übel. Ein Satz in ihren Ausführungen empört mich ganz besonders. Sie betonen ausdrücklich, dass ich mich nur scheiden zu lassen bräuchte. Wie können sie es wagen? Es handelt sich um einen Antrag auf Erlass einer einstweiligen Anordnung gegen »die von Dr. Eric Kariger mitgeteilte Entscheidung, den Tod von Vincent Lambert bewusst herbeizuführen, indem ihm jegliche Nahrung und Flüssigkeit vorenthalten werden«. Ich sehe keinen Zusammenhang zu meinem Privatleben.

Am nächsten Mittwochmorgen, dem 15. Januar 2014, geht alles schief. Ich stehe früh auf, und dennoch besteht die Gefahr, dass ich zu spät zur Verhandlung komme: Ich bin so besorgt, als ich am Lenkrad meines Wagens sitze, dass ich die Autobahnausfahrt verpasse. Ich muss einen Umweg fahren und bin schrecklich nervös. Hektisch parke ich den Wagen und betrete das Gericht. Ich laufe durch die Gänge und komme gerade noch pünktlich an, aber ich bin vollkommen außer Atem. Überall sind Journalisten, die versuchen, mich zu filmen und Fotos von mir zu machen. Mir ist schwindelig. Ich muss versuchen, einen kühlen Kopf zu bewahren.

»Vincent Lambert befindet sich in einem irreversiblen Zustand, doch er hat ein Bewusstsein, und es ist unmöglich, über den Sinn seines Lebens zu urteilen.« Das ist eine klare Aussage, die nichts Gutes für uns und für Vincent verheißt.

Seit dem Beginn der Verhandlung und während des langen Vortrags der Berichterstatterin weine ich. Es gelingt mir nicht, die Tränen zurückzuhalten. Ich spüre, dass Vincents Wille nicht erhört werden wird.

»Ich befürworte die Aufrechterhaltung der künstlichen Ernährung und der Flüssigkeitszufuhr«, erklärt die Berichterstatterin.

Ich sitze deprimiert neben meinen Anwälten und bin einem Nervenzusammenbruch nahe. Mein Kummer ist grenzenlos. Ich habe zugestimmt, dass mein Mann sterben darf, und jetzt fügt man mir erneut so viel Leid zu. Die Berichterstatterin erdreistet sich, ihre Meinung kundzutun, wobei diese Frau Vincent niemals gesehen hat und ihn nicht kennt. Das ist absurd.

»Es ist das erste Mal seit 1981, dass ein Anwalt einen Todeskandidaten vor Gericht vertreten muss.«

Monsieur Triomphe, der erste Anwalt des Ehepaars Lambert, beginnt mit seinem Plädoyer. Er ist ungeheuer redegewandt und beteuert, wie sehr es ihn emotional berühre, heute hier zu sprechen. Er nimmt kein Blatt vor den Mund und zögert nicht, sich mit dem berühmten Juristen Robert Badinter zu vergleichen, der als Justizminister seinerzeit die Todesstrafe in Frankreich abschaffte.

»Dr. Kariger führt sich auf, als wäre Vincent Lambert sein Eigentum. Dabei wird der von diesem Arzt als Geisel gehalten, und er weigert sich, die Verantwortung abzugeben. Das Gesetz Leonetti kann auf den Fall Vincent Lambert nicht angewendet werden.«

Monsieur Jean Paillot, der zweite Anwalt von Pierre und Viviane Lambert, erhebt sich.

»Ich vertrete einen Behinderten, einen autonomen Patienten, und keinen Kranken.«

Er ist nicht so aggressiv wie Monsieur Triomphe und greift niemanden persönlich an.

»Ich möchte noch einmal betonen, wie unvernünftig die hartnäckige Fortsetzung der Behandlung angesichts des Zustands von Vincent ist. Im medizinischen Sinne hat er kein Bewusstsein mehr«, bestätigt Madame Catherine Weber-Seban, die Anwältin der Universitätsklinik Reims.

»Eine Gruppe von Familienmitgliedern, wozu auch seine Frau gehört, hat bestätigt, dass Vincent Lambert seinen Willen geäußert habe, niemals um jeden Preis am Leben gehalten zu werden, aber die Entscheidung liegt allein bei den Ärzten«, fährt sie fort.

»Als Erstes möchte ich darum bitten, meine Klientin Rachel Lambert oder Madame Lambert zu nennen, wenn über sie gesprochen wird.«

Die Aufforderung von Monsieur Fossier, einem meiner beiden Anwälte, gibt mir etwas von meiner Würde zurück. Wenn Viviane und Pierre angesprochen werden, sagt jeder Monsieur beziehungsweise Madame Lambert, wohingegen ich immer nur »Rachel« genannt werde. Er betont, dass ich ebenso wie Vincents Mutter »Madame Lambert« sei.

Das ist wie Balsam für meine Seele, weil mich diese Anrede daran erinnert, dass Vincent und ich eine Familie sind, dass er mich ausgewählt und geliebt hat, dass er ein Mann war und Entscheidungen getroffen hat.

Dann wagt es der Anwalt, die Aufmerksamkeit auf einige Aspekte seiner Kindheit und Jugend zu lenken. Die Anhänger der Gegenseite im Gerichtssaal reagieren mit lauten Zwischenrufen und ironischem Applaus.

Meine Anwältin ergreift ihrerseits das Wort und versucht, Vincent wieder in den Mittelpunkt der Diskussion zu stellen.

Am Ende der Verhandlung beschließt das Gericht, die Entscheidung am nächsten Tag bekanntzugeben. »Das Gericht will sich Zeit nehmen, um in Ruhe über diesen komplizierten Fall nachzudenken«, verkündet Jean-Jacques Louis, der Präsident des Gerichts.

Ich kann mich kaum auf den Beinen halten und muss den Saal verlassen.

Die Verhandlung ist für mich ein wahres Martyrium. Ich bin total erschöpft und habe das Gefühl, als wäre nirgendwo mehr mein richtiger Platz. Meine Anwälte bitten darum, dass ich das Gericht durch eine Geheimtür verlassen kann, um den Journalisten und den Unterstützern von Vincents Eltern zu entkommen.

Unsere Klage wird zurückgewiesen

Das Verwaltungsgericht von Châlons-en-Champagne hat sich heute gegen die Entscheidung der Ärzte von Vincent Lambert ausgesprochen. Die Ärzte werden angewiesen, ihren Patienten weiterhin künstlich zu ernähren und mit Flüssigkeit zu versorgen.«

Ich lasse beinahe das Lenkrad los, als ich das höre. Unsere Klage wird abgewiesen. Ich fahre auf dem Weg zu meinem Anwalt durch Reims und lasse das Radio laufen.

Ich bin fix und fertig. Geknebelt und gefesselt muss Vincent sein Leid ertragen. Ich verfluche das Rechtssystem, versuche, mich auf den Verkehr zu konzentrieren, doch das Handy klingelt ununterbrochen. Die Journalisten wollen wissen, wie ich auf die Entscheidung des Gerichts reagiere.

Meine Anwälte empfangen mich und lesen mir die einstweilige Anordnung des Gerichts vor. Unsere Klage wird in fast allen Punkten abgewiesen. Nur in einem Punkt nicht, in dem es um Vincents Verlegung in ein anderes Krankenhaus geht.

»Vincents Wille wurde nicht respektiert. Ich denke in besonderem Maße an Vincents Frau und an die ganze Familie. Das Gericht hebt die medizinische Entscheidung auf, doch auch der Familienkonflikt bleibt ungelöst. Es ist Aufgabe der Mediziner, unter Berücksichtigung ihres Berufsethos den Begriff der ›unangemessenen Behandlung um jeden Preis‹ zu definieren. Heute habe ich das Gefühl, dass einige unseren Platz eingenommen haben. Es ist nicht allein meine Entscheidung.

Ich persönlich bin der Meinung, dass wir vor das Oberste Verwaltungsgericht gehen sollten.«

Dr. Karigers Reaktion, die seiner würdig ist, lässt nicht auf sich warten.

Die von Viviane Lambert ebenfalls nicht.

»Die Familie sollte nun wieder zusammenwachsen, einschließlich Rachel ...«

Mir kommt das alles so scheinheilig vor.

Auch ich muss auf das Urteil reagieren. Es ist schwierig, aber ich muss das Wort ergreifen.

An diesem Abend besuche ich Vincent und schmiege mich an ihn. Nach diesem Tag bin ich vollkommen ausgebrannt. Ich wage es nicht, ihm zu erzählen, was heute geschehen ist. Ich fühle mich schlecht. Es ist alles sehr beschwerlich für mich. Ich bin traurig und ratlos. Was soll ich ihm sagen? Dass niemand anerkennt, wer er früher war, dass sie seine Worte, seinen Willen und seine Identität in Zweifel ziehen? Ich weiß, dass seine Eltern ihn schon besucht haben. Der Gedanke ist mir unerträglich. Ich weiß nicht, was sie ihm erzählt haben.

Ich gewinne den Eindruck, dass die eingeschworenen Gegner der Sterbehilfe Vincent in Geiselhaft genommen haben, um ihre Position in kommenden politischen Diskussionen zu stärken. Tatsächlich wurde die Debatte über die Sterbehilfe durch Vincents Fall neu angeheizt. Während François Hollande ein neues Gesetz zur Sterbehilfe versprochen hat, mischen sich diejenigen, die der Meinung sind, dass die bestehenden Gesetze schon viel zu weit gingen, in die Diskussion ein. Auf seiner Pressekonferenz bekräftigt der französische Präsident seinen Wunsch nach einem Gesetz, das es einem Erwachsenen, der an einer unheilbaren Krankheit leide, innerhalb eines »strengen« Rahmens erlaube, um »ärztliche Unterstützung zu bitten, um sein Leben in Würde zu beenden«.

Vincent ist nun ein Fall und wird, ob wir es wollen oder nicht, instrumentalisiert. Für mich ist das Gesetz Leonetti eindeutig, und es müsste eigentlich ermöglichen, meinen Mann zu erlösen.

Was auch immer man von diesem Gesetz hält, so handelt es sich jedenfalls um geltendes Recht, und das sollte darum auch konsequenterweise angewendet werden. Diskutieren könnte man später immer noch, falls das Bedürfnis besteht.

Ich beuge mich über Vincents Gesicht.

»Ich liebe dich und werde weiter für dich kämpfen.«

Die Universitätsklinik schließt sich an

Madame Lambert, hier ist das Büro des Gesundheitsministeriums. Madame Marisol Touraine möchte mit Ihnen sprechen.«

Wenn eine Privatangelegenheit zur Staatsaffäre und wenn aus Vincents Leidensgeschichte der »Fall Vincent Lambert« wird, wundert man sich über nichts mehr. Dennoch bin ich beeindruckt, dass eine Ministerin persönlich mit mir sprechen möchte. Gleichzeitig erscheint mir alles so unwirklich.

Ich begreife, dass Vincents Leidensgeschichte ein Politikum geworden ist, auch wenn die Ministerin mir ihre persönliche Unterstützung zusichert. Sie fragt mich, warum ich zögere, Berufung einzulegen. Ich könne mir nicht vorstellen, erwidere ich, dass ich allein eine ausreichend große Wirkung zu erzielen vermöge, um durchzusetzen, dass Vincents Wille realisiert werde. Zudem handle es sich um eine medizinische Entscheidung.

»Wenn Sie Berufung einlegen wollen, wird sich die Universitätsklinik anschließen.«

Wir haben zwei Wochen Zeit, um beim Obersten Verwaltungsgericht Berufung einzulegen. Das Krankenhaus zögert. Die Neuigkeiten sind nicht ermutigend. Ich kann diesen Schritt aber nicht alleine gehen und will doch weiterhin dafür sorgen, dass Vincents Stimme gehört wird. Andererseits habe ich auch keine Lust, als Frau angesehen zu werden, die unbedingt den Tod ihres Mannes herbeiführen will. Es fällt mir immer schwerer, die Blicke der Menschen zu ertragen. »Sie will ihn wirklich töten«, denken sie. Ich warte darauf, dass die Klinik Berufung einlegt, aber das passiert nicht.

In dieser schwierigen Situation fühle ich mich einsamer als jemals zuvor.

Einige Familienmitglieder beschließen, einen offenen Brief in *Le Monde* zu veröffentlichen, um Druck auf die Universitätsklinik auszuüben. Sie geben ihn mir, damit ich ihn lesen kann.

»Wenn es um Geiselnahmen geht und die Situation ins Stocken gerät, sind es oft die Familien, die die Regierung dazu drängen, eine Lösung zu finden. Im Fall unseres Bruders und Onkels, Vincent Lambert, wird nun das ganze Land von einer gesellschaftlichen Randgruppe, die wie so oft eine sehr aktive Minderheit mit extremen Ansichten repräsentiert, in Geiselhaft genommen.«

Für François und die Lamberts, die den Standpunkt teilen, ist es Zeit, zu handeln und bis vor das Oberste Verwaltungsgericht zu gehen. Die Frist von zwei Wochen, um Berufung einzulegen, ist fast verstrichen, und noch hat sich nichts getan.

Die Lamberts wollen Druck auf die Universitätsklinik Reims ausüben, doch der Klinikleitung ist die Sache offenbar zu heikel. Vincents Geschwister betonen in ihrem offenen Brief den Widerspruch zwischen einem »engagierten Ärzteteam, das sich nicht entschließen kann, die Situation so zu lassen, wie sie ist«, und einer Klinikleitung, die bereit ist, »die Behandlung um jeden Preis weiterzuführen.«

»Damit würden wir akzeptieren, dass in unserem demokratischen Land extremistische Bewegungen über unser Leben entscheiden.« Dr. Kariger habe die Unterstützung der Ärztekammer des Département Marne, falls er vor das Oberste Verwaltungsgericht ziehen werde, erklären sie, aber nicht die der obersten Ärztekammer Frankreichs. Die Geschwister von Vincent Lambert wundern sich, dass sie kein Schreiben der Gesundheitsministerin erhalten haben, in dem sie ihre Unterstützung bestätigt.

»Wie ist es möglich, dass wir an einem Punkt angelangt sind, an dem die Familienmitglieder, die die Universitätsklinik in diesem schwierigen Rechtsstreit unterstützen wollten, dazu verurteilt werden, entweder machtlos zuzusehen, wie ein geliebter Mensch um jeden Preis am Leben erhalten wird, während sie darauf warten, dass die Politik ein neues Gesetz verabschiedet, damit er von seinem Leiden erlöst wird, oder selbst darum zu bitten, dass das Oberste Verwaltungsgericht eine medizinische Entscheidung akzeptiert?«

Die Unterzeichner dieses offenen Briefes zeigen ihrer Meinung nach die Schwächen des Gesetzes Leonetti auf, das eine »Injektion von Betäubungs- und Schmerzmitteln (ausschließlich eine Injektion von Betäubungs- und Schmerzmitteln) in tödlicher Dosis erlaubt, ohne die Absicht, den Patienten zu töten (sic), und das voraussetzt, dass die Familienmitglieder, oder ersatzweise eine nahestehende Person, vorher informiert werden«. Ihrer Meinung nach sind die Begriffe »hartnäckige Behandlung um jeden Preis« und »Familie« in dem Gesetz nicht klar definiert. Um so komplizierte Situationen wie die von Vincent zu vermeiden, schlagen sie eindeutigere Definitionen vor.

Zum Schluss versuchen sie, die Allgemeingültigkeit von Vincents Fall herauszustellen: »Es besteht das große Risiko, dass Vincent dieses Leid noch länger ertragen muss und dass sein mündlich deutlich geäußerter Wille nicht berücksichtigt wird. Vincent hat eine solche Situation nicht vorhergesehen und daher keine Patientenverfügung hinterlassen, und das trifft auf 98 Prozent der französischen Bevölkerung zu.«

Mitunterzeichner des offenen Briefes sind: Marie Lambert (Schwester von Vincent Lambert), Joseph Lambert (Bruder von

Vincent Lambert), Marie-Geneviève Lambert (Halbschwester von Vincent Lambert), François Lambert (Neffe von Vincent Lambert), Guy Noël Philippon (Halbbruder von Vincent Lambert) und Frédéric Philippon (Halbbruder von Vincent Lambert). Er wird am 27. Februar 2014 veröffentlicht.

Ich gehöre nicht zu den Mitunterzeichnern dieses offenen Briefes.

Marisol Touraine äußert sich ebenfalls zu dem Thema und bestätigt mehrmals, dass die Universitätsklinik auch in Berufung ginge, wenn ich vor das Oberste Verwaltungsgericht zöge. Sie hat nicht gelogen. Darum brauche ich den offenen Brief nicht zu unterschreiben, denn die Botschaft der Ministerin ist eindeutig.

Wir müssen eine Frist von zwei Wochen einhalten, um Berufung einzulegen. Doch die Zeit vergeht, ohne dass etwas geschieht. Trotz des offenen Briefes bewegt sich die Universitätsklinik nicht. Ich habe Angst, dass es bald zu spät ist, wenn ich nicht selbst aktiv werde. So sehe ich mich gezwungen, die Sache selbst in die Hand zu nehmen.

Alles hängt von meiner Initiative ab. Ich hoffe nur, dass ich wirklich das Richtige tue. Zudem befinde ich mich noch mitten in der Phase des intensiven Nachdenkens. Die Frage ist, ob ich wirklich dazu in der Lage bin, beim Obersten Verwaltungsgericht Berufung einzulegen, denn ich muss dann auch mit den Konsequenzen leben.

Die ganze Situation überfordert mich vollkommen. Ich bin einem ungeheuren Druck ausgesetzt und weder Ministerin noch Ärztin, sondern nur Vincents Frau.

Jetzt hängt alles von mir ab. Ich muss vor das Oberste Verwaltungsgericht gehen. Das ist meine einzige Chance.

Ich werde es tun. Ich habe mich entschieden. Mit oder ohne

die Universitätsklinik. Sonst könnte ich Vincents Zimmer nicht mehr betreten, ohne mir zu sagen, dass ich mit dafür verantwortlich bin, dass er dazu verdammt ist, bis in alle Ewigkeit in diesem Bett zu liegen. Ich hätte das Gefühl, weder sein Andenken zu wahren noch das Treuegelöbnis zu achten, das wir bei unserer Hochzeit abgelegt haben und das mehr bedeutet, als sich nur in der Ehe treu zu sein.

Am 21. Januar informiere ich die Ministerin über mein Vorhaben, und dann lasse ich meine Entscheidung durch die französische Nachrichtenagentur AFP bekannt geben.

Ich will mir keine Vorwürfe machen müssen, wenn alles vorbei ist.

Überwachung

Die Krankenschwester öffnet die Tür von Vincents Zimmer. Ich muss meinen Ausweis vorlegen, obwohl sie mich kennt. Am Eingang steht eine Überwachungskamera.

Seit einiger Zeit wird Vincents Zimmer überwacht.

Die Tür kann nur mit einem elektronischen Schlüssel geöffnet werden, und der ist immer in den Händen der Pflegekräfte. Die Pflegehelfer müssen Namen und Vornamen der Besucher notieren, ehe sie sie an Vincents Bett führen dürfen. Vor und nach jedem Besuch wird der Patient untersucht.

Die Atmosphäre im Krankenhaus ist unglaublich bedrückend und angespannt.

Nach der Entscheidung des Verwaltungsgerichts bekommt Vincent viel Besuch. Nachdem ich ihm seit fünf Jahren zur Seite stehe, muss ich mich nun mit meinen Schwiegereltern arrangieren. Natürlich begegnen wir uns, obwohl ich versuche, das zu vermeiden, um mich zu schützen. Auch Vincents Geschwister und sein Neffe François besuchen ihn.

Vincents Überwachung geht auf eine Initiative des Krankenhauses zurück. Sie haben diese Sicherheitsmaßnahmen ergriffen, um sich vor Journalisten und penetranten Eindringlingen zu schützen, die behaupten, zur Familie zu gehören und in seinem Zimmer beten zu wollen. Das Krankenhaus versucht auf diese Weise, der allgemeinen Hysterie, die diese Situation hervorruft, Einhalt zu gebieten.

Manchmal habe ich den Eindruck, als stünden dieses Zimmer und mein Mann im Mittelpunkt der gesamten Diskussion über die Sterbehilfe. Die Sicherheitsmaßnahmen schockieren mich nicht. Sie sind nur die Konsequenz des Wahnsinns, den wir der massiven Berichterstattung der Medien, den nervenaufreibenden Gerichtsverhandlungen und der Ausbreitung einer privaten Angelegenheit in der Öffentlichkeit, die nur noch als »Lambert-Affäre« bezeichnet wird, zu verdanken haben.

Nachdem bekannt wurde, dass ich vor das Oberste Verwaltungsgericht ziehen würde, haben die Universitätsklinik Reims und Vincents Neffe François Lambert sich der Berufung angeschlossen. Am 6. Februar findet die Verhandlung statt. Ich weiß, dass ich viel Kraft brauche.

Diese Kraft versuche ich bei meinen Besuchen bei Vincent zu schöpfen.

»Guten Tag, Madame Lambert, ich möchte Sie darauf hinweisen, dass die Lamberts den Bericht eines Privatdetektivs eingereicht haben, der morgen dem Obersten Verwaltungsgericht vorgelegt wird …«, informiert mich mein Anwalt.

Ich falle aus allen Wolken. Es ist der Tag vor der Gerichtsverhandlung, und ich erfahre, dass ich seit Mitte Januar von einem Privatdetektiv verfolgt worden bin. In dem Bericht sind Fotos von mir und meiner Tochter. Ich empfinde diese Beschattung wie eine Bedrohung. Ich verdränge die Tränen, denn meine Kleine ist bei mir. Ich fühle mich nackt. Und auch wenn das Wort vielleicht etwas zu stark ist, so kommt es mir doch vor, als wäre ich vergewaltigt worden. Meine Privatsphäre wurde verletzt. Niemals hätte ich gedacht, dass sie es so weit treiben würden. Wie konnten sie nur auf eine solche Idee kommen? Vermutlich versuchen sie zu beweisen, dass ich einen Geliebten habe, dass ich ein neues Leben beginnen möchte und es darum eilig habe, Vincent loszuwerden.

Der Privatdetektiv ist mir zum Krankenhaus gefolgt, zur Schule und beim Einkaufen. Er hat Fotos von meinem Vater und seiner Frau gemacht ...

Dieser Unbekannte hat auch meine Tochter fotografiert und sogar gefilmt. Das ist doch verrückt!

Um zu rechtfertigen, was in meinen Augen nicht zu rechtfertigen ist, behaupten sie, dass sie wissen wollten, wo sich die Kleine aufhält. Der Privatdetektiv wurde einen Tag nach der Entscheidung, die Behandlung einzustellen, engagiert. Sie haben seinen Bericht dem Obersten Verwaltungsgericht übergeben, um ihren Antrag zu untermauern.

Ich bin empört und wütend, als ich mich auf den Weg zum Palais-Royal mache. Diese Ungeheuerlichkeit hat mir gerade noch gefehlt, bevor ich mich in dem beeindruckenden Gericht zu Wort melden werde.

Der Druck war auch ohne diese erneute Kränkung schon groß genug.

»Ich erlaube mir, das Wort zu ergreifen. Da ich es nicht gewohnt bin, vor Publikum zu sprechen, und mich in einer für mich sehr schmerzlichen Situation befinde, habe ich mir alles aufgeschrieben.

Es ist jetzt fünfeinhalb Jahre her, dass ich mich gerade von meinem Mann verabschiedet hatte, als die Polizei bei mir klingelte und mir mitteilte, dass Vincent einen schrecklichen Autounfall hatte.

Mit einem Schlag verwandelte sich unser Glück, das wir gerade als Eltern erlebten, in entsetzliche Traurigkeit.

Für mich war es selbstverständlich, Vincent so selten wie möglich allein zu lassen.

Ich aber war in all diesen Jahren allein. Natürlich waren die Familie, die Freunde und Bekannten ebenfalls furchtbar traurig, aber für sie ging ihr Leben nach kurzer Zeit wieder seinen normalen Gang. So ist das Leben.

Ich habe versucht, die Einsamkeit an der Seite meines Mannes zu bezwingen. Für mich war es von größter Bedeutung, Vincent zu zeigen, wie wichtig er für die Familie ist, die wir gerade gegründet hatten.

Durch unsere Gespräche wusste ich schon sehr lange, dass mein Mann es ablehnte, eines Tages, ans Bett gefesselt und auf die Hilfe Fremder angewiesen, als Pflegefall dahinzuvegetieren.

Er verabscheute Einschränkungen jeder Art.

Es wurde alles versucht, um eine Besserung seines Zustands herbeizuführen.

Unglücklicherweise stießen wir an die Grenzen der Medizin.

Wenn man mit einem kleinen Baby allein dasteht, ist es unvorstellbar, seinen Mann sterben zu sehen. Darum klammerten wir uns an die Hoffnung, dass sich der Zustand meines Mannes bessern würde, auch wenn die Chancen nicht gut standen. Nur diese Hoffnung half uns, mit der Situation fertigzuwerden. Trotz allem aber habe ich niemals vergessen, was Vincent zu mir gesagt hat, welches seine Überzeugungen waren und was ihm gefiel und was nicht.

Um mich schließlich damit abzufinden, Vincents Willen und die Entscheidung der Ärzte zu respektieren, war es notwendig, dass ich ihn zuvor auf seinem schweren Leidensweg jahrelang begleitet hatte.

Im vergangenen Jahr beschlossen die Ärzte, die in gewisser Weise den Zustand geschaffen haben, in dem Vincent sich befindet, sich intensiv mit seinem Fall auseinanderzusetzen.

Die Ärzte fragten sich: Was ist in Bezug auf Vincent vernünftig oder unvernünftig? Auf diese Weise erkannten sie praktisch die Grenzen der Medizin an und versuchten, so zu handeln, wie es mein Mann gewollt hätte.

Wie bereits gesagt, habe ich nichts von den Ärzten verlangt: weder den Zustand, in dem mein Mann sich befindet, noch das abrupte Ende seines Lebens. Ich habe nur geschildert, was für ein Mann Vincent vor seinem Unfall war. Und genau das hat mich dazu bewogen, nicht nur der medizinischen Entscheidung zuzustimmen, sondern auch dem beizupflichten, was mein Mann vor seinem Unfall gefordert hat: kein Leben als Pflegefall oder mit einer schweren Behinderung, keine lebensverlängernden Maßnahmen um jeden Preis.

Ich habe versucht, seiner Stimme Gehör zu verschaffen, und das versuche ich nun ein letztes Mal vor diesem Gericht. Es ist sicherlich die letzte Möglichkeit, dies zu tun. Erlauben Sie mir, mich noch zwei abschließenden Gedanken zuzuwenden.

Ich möchte jenen, die andeuten, ich hätte Interesse daran, meinen Mann sterben zu sehen, klar und deutlich sagen, dass diese Anschuldigungen niederträchtig sind. In all den Jahren habe ich ihn niemals im Stich gelassen. Es stimmt, dass das vergangene Jahr ungeheuer schwer für mich war. Um weiterhin für Vincents Interessen kämpfen zu können, habe ich in letzter Zeit und zum ersten Mal versucht, meine Kräfte ein wenig zu schonen. Leider verfüge ich weder über unbegrenzte Energiereserven noch über grenzenlosen Mut.

Ich hätte mir zudem gewünscht, dass die Öffentlichkeit nicht in dem Maße in mein Privatleben, in dem ich auf vieles verzichten muss, aber das dennoch mein Privatleben bleibt, eingedrungen wäre.

Ein weiterer Wahnsinn, den ich ertragen muss. Der Wahnsinn hat sich dieser Affäre bemächtigt (man spricht jetzt tatsächlich von der ›Lambert-Affäre‹; es wäre indes ehrenwerter, einfach von einem Menschen zu sprechen). Es ist meine Aufgabe, mein Kind vor all dem zu beschützen.

Während des langen Kampfes, den ich in all den Jahren an

Vincents Seite führte, habe ich eines gelernt: Ehe man Rechte hat, hat man Aufgaben zu erfüllen. Ich möchte eine Frage stellen, auf die ich keine Antwort erwarte:

Heute beanspruchen viele Rechte an meinem Mann, aber wer hat in Bezug auf ihn irgendwelche Aufgaben erfüllt?

Voller Demut möchte ich betonen, dass wir vor allem nicht vergessen dürfen, wer er einst war.

Übrigens frage ich mich, warum einige eine so klare Meinung dazu haben, ob meinem Mann erlaubt werden sollte, zu sterben oder nicht. Kennen sie in? Woher nehmen sie das Recht, so zu sprechen? Waren sie in all den Jahren an seiner Seite?

Es wird keinen Volksentscheid über die Situation meines Mannes geben. Wer würde so etwas ertragen, wenn es um sein Leben ginge? Wenn das Gericht Vincent das Recht abspricht, die Person gewesen zu sein, die er war, und somit auch die Tatsache abstreitet, dass er klare Vorstellungen hatte, die seine Persönlichkeit ausgemacht haben, dann frage ich: Wer will die Verantwortung dafür übernehmen, dass Vincents Worte kein Gehör finden?«

Nachdem ich alles vorgelesen habe, bin ich total erschöpft. Ich kann mich kaum mehr auf den Beinen halten. Ich stehe mitten in diesem Gerichtssaal des Obersten Verwaltungsgerichts und blicke auf goldene Verzierungen und Gemälde Oberster Richter. All das schüchtert mich ein, aber ich bin auch stolz, Vincent, der sich nicht mehr ausdrücken kann, meine Stimme geliehen zu haben.

Eine Herausforderung, auf die ich zwar gerne verzichtet hätte, aber eine Aufgabe, die zu erfüllen notwendig war. Ich habe das getan, was ich tun musste. Als Folge ist meine Demütigung nun öffentlich. Mir kommt es fast so vor, als hätte sich das ganze Land in diesem Saal versammelt. Jeder weiß, dass ich von einem Detektiv verfolgt wurde. Man hat mich zum Gespött der Leute gemacht, und das ist noch zurückhaltend ausgedrückt. Das, was von meinem Privatleben noch übrig ist, sollte auch privat bleiben. Doch auch das nimmt man mir weg.

Heute Morgen bin ich mit meiner Anwältin, Madame Sara Nourdin, zum Gericht gefahren. Wir trafen uns in einem Café-Restaurant an der Place du Palais-Royal mit meinem zweiten Anwalt, Monsieur Bruno Odent.

Vor der Verhandlung trafen die Übertragungswagen der Fernsehsender ein. Meine Anwältin hat sich mit einem Sicherheitsbeamten verständigt, um das Gericht durch einen Nebeneingang betreten zu können.

Verletzt und empört komme ich am Gericht an. Nach allem, was ich erleiden musste, habe ich nicht die geringste Lust, mich im selben Raum wie die Lamberts aufzuhalten.

Wir betreten das Gebäude. Der Sicherheitsbeamte führt uns durch einen Nebenraum, in dem mehrere Bildschirme stehen, in den Gerichtssaal. Ich nehme an, dass viele Leute erwartet werden und die Journalisten die Verhandlung in diesem Raum verfolgen werden.

Die Verhandlung beginnt. Pierre und Viviane Lambert sitzen mir gegenüber. Professor Ducrocq, der Experte, der sich wünscht, dass Vincent auf seine Station im Krankenhaus in Nancy verlegt wird, sitzt neben ihnen, als hätte er etwas mit dem Fall zu tun.

Ich sehe ebenfalls Vertreter des Dachverbandes der Vereinigungen der Patienten mit Schädelhirntrauma und ihrer Familien, Überraschungsgäste in diesem Berufungsverfahren. Sie sind gekommen, um zu erklären, dass »ein Patient mit einem Schädelhirntrauma nicht im Sterben liegt« und dass »diese Personen noch lange und sogar sehr lange leben können, sobald ihr Zustand stabil ist«.

Ihre Ausführungen thematisieren einen der wichtigsten Aspekte der Verhandlung: Geht es hier um einen besonderen Fall, oder soll mit der Entscheidung über diesen Fall ein Zeichen für alle anderen eintausendfünfhundert französischen Patienten gesetzt werden, die sich wie Vincent in einem »vegetativen Zustand« befinden?

Die Verhandlung verwandelt sich in eine angeregte Debatte über die Sterbehilfe. Leidet Vincent an einer unheilbaren Krankheit oder an einer starken Behinderung? Ist die künstliche Ernährung über die Magensonde eine medizinische Behandlung, oder wird durch die Magensonde nur sein Grundrecht auf Ernährung sichergestellt? Kann sein Wille, nicht um jeden Preis am Leben erhalten zu werden, den er mir vor seinem Unfall mitgeteilt hat, berücksichtigt werden? Sind es die Richter, die über das Schicksal meines Mannes entscheiden werden, und nicht die Ärzte?

Die ganze Krankengeschichte wird aufgerollt.

»Das ist keine juristische Debatte, sondern eine Debatte, in der es um einen Menschen geht, der medizinische Probleme aufwirft. Ein Richter hat nichts damit zu tun«, betont Monsieur Odent, mein Anwalt.

»Das Verwaltungsgericht hat es aus unverständlichen Gründen abgelehnt, den von Vincent Lambert mündlich geäußerten Willen zu berücksichtigen. Das Verwaltungsgericht hat das Gesetz umgeschrieben«, erklärt Madeleine Munier-Apaire, die Anwältin von François Lambert. »In diesem Verfahren, in dem es um den Abbruch lebensverlängernder Maßnahmen geht, wurde das Gesetz in allen Punkten befolgt und die medizinische Versorgung des Patienten sichergestellt. Die Richter machen sich zu Ärzten und sogar zu Gesetzgebern. Sie haben jedoch weder die Kompetenz noch das Recht, sich in Bezug auf eine medizinische Entscheidung zu äußern.«

Ich warte ungeduldig auf das Ende der Verhandlung und auf eine Entscheidung. Es ist furchtbar bedrückend, hier zu sitzen und zuzuhören, wie über meinen Mann gesprochen wird, der nicht anwesend ist, über Vincent, den nun alle Welt zu kennen glaubt. Ich bin hier aus Liebe zu meinem Mann. Es ist kein Egoismus, sondern eine tiefe Liebe zu Vincent, der seit mehr als fünf Jahren gezwungen ist, diesen entsetzlichen Zustand zu ertragen.

Madame Claire Le Bret-Desaché, die Anwältin von Vincents Eltern, begibt sich auf das Gebiet »ethischer und philosophischer Fragen«.

»Warum sollte man im Zweifelsfall nicht dem Leben den Vorzug geben?«, fragt sie. Dann zählt sie die Gründe auf, die das Oberste Verwaltungsgericht ihrer Meinung nach dazu bewegen sollten, die Entscheidung des Verwaltungsgerichts zu bestätigen.

»Der Patient ringt nicht mit dem Tode, sondern er ist schwerbehindert. Was seinen persönlichen Willen betrifft, so kann niemand mit Sicherheit sagen, welche Wünsche er derzeit hat. Außerdem herrscht in diesem Fall keine Einigkeit unter den Medizinern, wie es das Gesetz verlangt, und auch keine Einigkeit in der Familie.«

»Ich bin nicht der Meinung, dass das Gesetz Leonetti Einigkeit verlangt«, erwidert Dr. Kariger, ohne eine Sekunde zu zögern.

Nachdem ich vor Gericht gesprochen habe, bittet Viviane Lambert ihrerseits darum, etwas sagen zu dürfen. Da sie nicht wusste, dass sie hier das Wort ergreifen kann, hat sie nichts vorbereitet.

»Als wir Vincent an Weihnachten gefragt haben, ob er zufrieden ist, hat er sofort die Augen geschlossen.«

Sie deutet wieder einmal an, es könnte sich dabei um eine bewusste Reaktion handeln, wobei Vincents Ärzte das Gegenteil behaupten. Sie sagt, dass ihr Sohn jeden Abend auf sie warte und sie jeden Abend seine Hand in ihre nehme.

Es herrscht Stille im Gerichtssaal. Kein Aufschrei, keine Geräusche.

Ich habe kein Gefühl dafür, wie lange die Verhandlung dauert, und befinde mich in einem zeitlichen Niemandsland. Alles ist in der Schwebe. Mir kommt es fast so vor, als hätte die Erde aufgehört, sich zu drehen.

Bernard Stirn, Richter am Berufungsgericht, beendet die Verhandlung: Aufgrund »der sehr großen Problematik« der in diesem Fall aufgeworfenen Fragen, sowohl in rechtlicher als auch in berufsethischer sowie in allgemein ethischer und menschlicher Hinsicht, schließt er aus, »dass sie von einem einzigen Richter beantwortet werden können«. Das verheißt nichts Gutes.

Ich verlasse den Saal. Auf dem Weg zu den Toiletten treffe ich den Präsidenten des Dachverbandes der Vereinigungen der Patienten mit Schädelhirntrauma und ihrer Familien. Als er zögernd auf mich zukommt und mich anspricht, sage ich höflich: »Hören Sie, Monsieur, Sie wissen sehr gut, wie schmerzvoll diese Situation ist.« Er ist Vater eines jungen Mannes, der ebenfalls im Koma liegt. »Ich erlaube mir nicht, die Lebensqualität Ihres Sohnes zu beurteilen. Warum mischen Sie sich in Vincents Fall ein?« Er antwortet, dass die Entscheidung in Vincents Fall große Auswirkungen auf andere Fälle haben werde.

Für diesen Verband ist die künstliche Ernährung keine Behandlung, sondern eine Grundversorgung, die jedem Patienten zusteht. Ich glaube, es kann nicht darum gehen, in die Freiheit anderer Wachkomapatienten einzugreifen, sondern darum, dass jedem seine eigene Freiheit zugestanden wird. Ich möchte nicht, dass die in Vincents Fall getroffene Entscheidung auch in allen anderen Fällen in gleicher Weise Geltung hat.

Mir gefällt es gar nicht, dass dieser Mann mich angesprochen hat. Ich empfinde es wie ein Eindringen in unsere Privatsphäre, wie eine weitere Demütigung.

Im vegetativen Zustand

Ich laufe durch die gepflasterten Gassen der kleinen Stadt, in der ich seit ein paar Monaten Zuflucht gefunden habe. An diesem Morgen ist es schön, aber ein bisschen kalt. Ich habe meine Tochter gerade zur Schule gebracht. Letzte Nacht habe ich nicht gut geschlafen. Schlafstörungen quälen mich.

An diesem Morgen des 6. Mai 2014 wird im Radio, im Fernsehen und auf den Internetseiten der Tageszeitungen noch immer über Vincent berichtet. Ich habe ihn am Wochenende besucht und ihm ein paar T-Shirts mitgebracht. Ich wollte ihn spüren.

Gestern am späten Nachmittag wurde der vorläufige Bericht der Experten vorgelegt, der im Februar vom Obersten Verwaltungsgericht angefordert worden war. Die Ergebnisse sickerten sofort zu den Medien durch. Um sich abzusichern, zog der Richter am Obersten Verwaltungsgericht es vor, äußerste Vorsicht walten zu lassen, indem er ein medizinisches Gutachten in Auftrag gab bei den Professoren Marie-Germaine Bousser, Jacques Luauté und Lionel Naccache, die auf Empfehlung der Académie Nationale de Médecine, des nationalen Ethikrates und der Ärztekammer ausgewählt wurden. Auch der Abgeordnete Jean Leonetti wurde um seine Einschätzung gebeten.

Zwischen dem 5. März und dem 11. April haben die drei Neurowissenschaftler Vincent neun Mal einer Reihe von Tests und sehr gründlichen Untersuchungen unterzogen, und zwar vor allem im April im Hôpital de la Pitié-Salpêtrière in Paris.

Diese vom Gericht festgelegte Zeit konnten alle Beteiligten nutzen, um noch einmal über alles nachzudenken.

Im Rahmen des erstinstanzlichen Verfahrens konnte man den Eindruck gewinnen, dass der ganze Fall nur oberflächlich behandelt wurde. Jetzt nimmt das Gericht sich Zeit, und ich hoffe, dass sie nicht vergeudet ist. Das Gericht hat beschlossen, Gutachten einzuholen und Vincents Lebens- und Krankengeschichte genau zu studieren. Das ist beruhigend. Das Oberste Verwaltungsgericht nimmt seinen Fall nicht auf die leichte Schulter.

Das medizinische Gutachten ist eindeutig. Es beschreibt eine klinische Prognose, die keine reale Hoffnung zulässt. Vincents Zustand hat sich verschlechtert. Er ist jetzt in einem vegetativen Zustand. Er tut mir so leid.

Ich begreife, was sich hinter den Fachbegriffen des Berichts verbirgt. Mehr denn je befindet Vincent sich in einer Situation, in der nicht mehr die geringste Hoffnung auf eine Besserung seines Zustands besteht. »Irreversible Hirnschädigungen«, »eine ausgeprägte Hirnatrophie, die auf einen massiven Verlust der Neuronentätigkeit hinweist« ... Diese krassen Formulierungen kreisen unaufhörlich in meinem Kopf.

Es gibt nicht mehr die geringste Hoffnung. Mein Mann spürt nichts mehr, und er kann nicht kommunizieren. »Es ist uns nie gelungen, eine funktionierende Kommunikationsmethode zu etablieren«, stellen die Verfasser des Berichts fest. All das ist entsetzlich und schwer zu ertragen.

Als ich durch die Gassen laufe, klingelt ununterbrochen mein Handy. Journalisten ... Sie wollen wissen, wie ich darauf reagiere. Aber ich brauche noch etwas Zeit. Die Öffentlichkeit wird jedes Wort von mir auf die Goldwaage legen.

Ich lehne es ab, ein Live-Interview zu geben. Schließlich stimme ich aber doch einem Gespräch zu. Ich esse eine Kleinigkeit zu Mittag und suche einen ruhigen Ort auf, um die Fragen zu beantworten. Ich erkläre den Tausenden von Zuhörern, was ich fühle, und versuche, mir meinen Kummer nicht anmerken zu lassen, während der Journalist mir Fragen zu den Spannungen stellt, die die Familie zerreißen.

Vincent befindet sich nun in diesem vegetativen Zustand, den er so sehr verabscheut hat. Das Einzige, was er spüren kann, sind extreme neurologische Beschwerden. Immer wieder durchlebe ich ein Wechselbad der Gefühle. Vor allem bin ich furchtbar traurig, denn für Vincent besteht keine Möglichkeit einer Interaktion mit seiner Umgebung mehr. Er kann nichts mehr empfinden, weder den geringsten Augenblick der Freude noch irgendeine Art der Erleichterung, weil er sich des Zustandes, in dem er sich befindet und den er niemals ertragen hätte, nicht bewusst ist.

Ich habe Angst vor den kommenden Wochen. Solange das Gericht keine Entscheidung getroffen hat, ist Vincents Zukunft ungewiss. Ich hoffe aber noch immer, dass sein Wille erhört wird. Vincent ist nicht mehr unter uns, denn er hat kein Bewusstsein mehr. Ich erwarte von der gegnerischen Seite, dass sie mir erklärt, inwiefern er nicht künstlich am Leben erhalten wird.

Ich stelle mich innerlich auf alles ein, denn was die Zukunft bringt, steht in den Sternen. Sie wird mir so oder so viel Leid bescheren. Einige sagen, ich sei stark. Ob ich stark bin, weiß ich nicht, aber aus Liebe zu meinem Mann halte ich durch. Ich habe ein Kind, um das ich mich kümmern muss. Es gefällt mir überhaupt nicht, dass ich angegriffen werde, denn ich selbst möchte niemanden angreifen. Ich möchte mir meine Würde bewahren, und es ist mir wichtig, dass Vincent immer im Mittelpunkt meiner Äußerungen steht. Alles andere ist zweitrangig.

Ich wehre mich

Als ich an diesem Abend nach Hause zurückkehre, logge ich mich ins Internet ein und tippe den Namen meines Mannes: Vincent Lambert. Noch immer erscheint ganz oben das Foto von dieser Frau und ihrer Vogel-Stickerei. Es ist unerträglich. Auch Fotos von Michael Schumacher ... Dann entdecke ich auf Facebook eine Seite mit dem Titel »Zur Unterstützung von Vincent Lamberts Familie« mit dem Ziel, fünftausend Likes zu erreichen.

Was sind das für Menschen, die es sich, ohne meinen Mann zu kennen, erlauben, eine Großaufnahme von Vincents Gesicht im Krankenhausbett zu veröffentlichen? Was sind das für Menschen, die Fotos mit dem Namen meines Mannes an Wänden von Fußgängerunterführungen und von Bushaltestellen aufhängen?

All das stimmt mich unendlich traurig und belastet mich sehr. Das Bild meines Mannes wird veröffentlicht, und immer wieder wird behauptet, die Angehörigen – darunter auch seine eigene Frau – wollten, dass er sterbe. Ich finde unerträgliche Kommentare.

Aber das ist noch nicht das Schlimmste. Es werden Fotos von ihm als Kind und Pfadfinder veröffentlicht. Auch die schwerste Zeit seines Lebens wird zur Darstellung gebracht und mit Kommentaren versehen. Menschen, die Vincent nicht kennen oder sich ein falsches Bild von ihm machen, bemächtigen sich seiner.

Als ich vor Gericht gegangen bin, habe ich es für meinen Mann getan und nicht um einen Volksentscheid über das Leben meines Mannes gebeten.

An diesem Abend beschließe ich, zur Feder zu greifen und meine Wut aufs Papier zu bringen. Ich wende mich an diese Unbekannten, die all das im Internet verbreiten, und an die, die sie dazu ermuntern. Ich nehme einen Stift und das kleine Heft, in das ich immer schreibe, was mich besonders bewegt. Ich schreibe, ohne einmal abzusetzen.

»Mir ist schwer ums Herz, als ich mir empört und tief verletzt viele Fragen stelle. Wie kann man jemanden derartig angreifen, ohne ihn zu kennen? Wenn ich die Webseiten der großen Tageszeitungen oder die Blogs lese, entdecke ich immer wieder viele entsetzliche Kommentare. In den Augen einiger bin ich ein »Monster«, eine »Mörderin« oder »nur eine Angeheiratete«. Ich finde auch Vincent – einen behinderten Mann – in dem, was über ihn gesagt wird, nicht wieder. Vincent ist der Mann, den ich liebe, wie man nur einmal im Leben einen Mann liebt.

Immer wieder wird die Tatsache in Frage gestellt, dass er sich zu lebensverlängernden Maßnahmen geäußert hat. Wieder einmal sprechen vollkommen Unbekannte für ihn.

Jeden Tag erklären Fremde in der Anonymität des Internets, dass wir keine Familie seien. Menschen, die weder Vincent noch mich kennen, sind der Meinung, dass ich mich nur scheiden zu lassen brauche.

Es ist nur schwer zu ertragen, dass unsere Ehe immer wieder in Frage gestellt wird. Es tut weh, dass wir nicht anerkannt werden: unsere Familie, unser Kind, das aus unserer Liebe entstanden ist, Vincent als der Mann, der seine Entscheidungen getroffen und geliebt hat.

Dass ich angegriffen werde, ist letztlich nicht so wichtig.

Das ist nicht das, was mir am meisten zusetzt, auch wenn es sehr unangenehm ist. Aber ich kann mich nicht damit abfinden, dass meinem Mann nicht der Respekt entgegengebracht wird, der ihm zusteht.

Ich verstehe nicht, warum man um der Gemeinschaft willen seine persönliche Freiheit opfern muss. Das irritiert mich umso mehr, da Vincent meines Erachtens in keiner Weise die Freiheit der anderen beeinträchtigt, indem er sich die Freiheit herausgenommen hat, eigene Ansichten zu vertreten.

Ich verstehe nicht, warum diejenigen, die an die Freiheit des Willens glauben, den anderen nicht die gleiche Freiheit zugestehen.

Vielleicht meinen einige, es würde mir an Bescheidenheit mangeln, wenn ich behaupte, dass ich Vincent gut gekannt habe. Es ist nicht etwa so, dass es mich mit besonderem Stolz erfüllt, aber ich habe diese Gespräche mit ihm geführt und genau verstanden, was er meinte. Ich bin glücklich, dass er Vertrauen zu mir hatte und sich mir ganz öffnete.

Dahingegen kann ich überhaupt nicht nachvollziehen, mit welch einer Dreistigkeit all diese Menschen ihre bissigen Kommentare abgeben, als müssten wir der Bevölkerung über unsere Intimität Rechenschaft ablegen. Wir haben uns einzig und allein Vincent gegenüber zu verantworten, unserem Gewissen gegenüber und vielleicht eines Tages vor Gott.

Ich glaube, dass der größte Teil der Menschen, welche die Möglichkeit haben, derartige Kommentare zu schreiben, ein solches Eindringen in die Privatsphäre ihrer eigenen Familie oder ihrer eigenen Ehe nicht ertragen würde.

Es ist sicherlich menschlich, zu allem und jedem eine Meinung zu haben. Dennoch finde ich, dass es jeder schaffen sollte, auf solch primitive und spontane Beurteilungen zu verzichten. Das ist nicht leicht, dessen bin ich mir bewusst. Menschen, die von sich behaupten können, niemals instinktiv ein Urteil abzugeben, sind selten. Ich gehöre auch nicht dazu.

Ich frage mich aber immer wieder, wozu es gut sein soll, seine Meinung so rücksichtslos zu veröffentlichen. Mich persönlich verletzen diese Äußerungen. Ich bin nicht so selbstsicher, dass ich glaube, auf alles eine Antwort zu haben.

Fotos von Vincent werden an Bushaltestellen aufgehängt, andere im Internet verbreitet, und sein Name wird auf Bürgersteige gesprüht. All das ist mir unbegreiflich.

Niemandem würde es gefallen, wenn andere, anscheinend ohne nachzudenken, Bilder von einem verbreiten würden. Man darf nicht vergessen, dass Vincent nicht nur ein Mann ist, sondern auch Vater. Er hätte nie gewollt, dass sein Kind in eine solche Situation gerät.

Dass mir so wenig Respekt entgegengebracht wird, damit komme ich noch klar. Dass jedoch die Privatsphäre meines Kindes so wenig geachtet wird, das toleriere ich nicht.«

Ich beantrage den Abbruch
der Behandlung

Von einer Seite wälze ich mich auf die andere. Ich bin verschwitzt und kann nicht einschlafen. Es ist vier Uhr morgens an diesem 20. Juni 2014. In wenigen Stunden werden die Plädoyers vor dem Obersten Verwaltungsgericht gehalten. In dieser Nacht stelle ich mir alle möglichen Szenarien vor. Ich weiß, dass Vincents Eltern und ihre Anwälte sich wieder etwas einfallen lassen werden, selbst wenn das oberste Verwaltungsgericht mir, François Lambert, Dr. Kariger – aber vor allem Vincent – Recht gibt.

Ich halte es im Bett nicht mehr aus und stehe auf. Ich eile zum Bahnhof und treffe mich mit meinem Anwalt. Dann geht es Richtung Paris und zur Place du Palais-Royal. Mir kommt es so vor, als würde ich alles, was ich am 6. Februar erlebt habe, noch einmal durchleben. Derselbe Schauplatz, dasselbe Bühnenbild, dieselben Hauptdarsteller.

Aber heute werde ich nicht sprechen.

Während der Verhandlung weine ich. Es sind Tränen der Rührung, die ich vergieße, als ich dem leidenschaftlichen Plädoyer von Rémi Keller, dem Berichterstatter des Gerichts, zuhöre. Er hat eine klare Meinung und vertritt eine eindeutige Position.

»Auch wenn ein Vater und eine Mutter sehr großes Leid empfinden und ihre Überzeugungen ehrenwert sein können, so ist es nicht der Sinn dieses Gesetzes, ihnen ein Vetorecht einzuräumen. Indem der Arzt einschreitet, tötet er nicht. Er heilt mit seinen Händen und tötet niemanden. Bei den eingeleiteten Maßnahmen gab es keinerlei Unregelmäßigkeiten. Das Gesetz Leonetti wurde in allen Punkten beachtet.«

Mir gefällt es, wie er über Vincent spricht als »einem Mann, der in seiner Einsamkeit und Bewusstlosigkeit eingeschlossen ist« und als »einem Mann, dessen Stimme so schwach und leise ist, dass sie uns kaum erreicht«.

Mir gefällt es, dass er das Gesetz wieder in den Mittelpunkt der Debatte rückt, als er sich den Richtern zuwendet: »Wir haben es hier nicht mit einem gewöhnlichen Rechtsstreit zu tun. Bei Ihrer Entscheidung handelt es sich um eine Entscheidung in einem Einzelfall, die nur den besonderen Fall von Monsieur Vincent Lambert betrifft. Die Entscheidung, die Sie treffen werden, wird mit viel Leid verbunden sein. Es ist nicht Ihre Aufgabe, einen Menschen um jeden Preis am Leben zu erhalten, sondern Sie haben die Pflicht, das Gesetz in allen Punkten zu beachten.« Mir gefällt auch, dass er uns die Rolle der Ärzte noch einmal genau vor Augen führt. »Wenn es unangemessen erscheint, dass ein Patient mit allen Mitteln am Leben erhalten wird, wenn keine Hoffnung mehr auf Genesung besteht, wenn fast alle Ärzte und Pflegekräfte wie auch der größte Teil der Familie einhellig fordern, dass die Behandlung nicht weitergeführt werden solle, und wir davon ausgehen können, dass dies auch der Wunsch des Patienten war, erlaubt das Gesetz, dass sich die Ärzte zurückziehen.«

Dann dreht er sich zu den Eltern um: »Einige Worte, die Sie gehört haben, müssen sehr schmerzvoll für Sie gewesen sein. Ich möchte, dass Sie wissen, dass es auch schwer war, sie auszusprechen. Wir haben uns bemüht, unserer Aufgabe als Wächter von Recht und Gesetz unter Beachtung der Menschlichkeit gerecht zu werden.

Daher fordere ich den Abbruch der Behandlung.«

Dieser Satz ist für mich wie eine Befreiung. Er geht mir nicht mehr aus dem Kopf. Lange Zeit sehe ich das Bild dieses Mannes mit der festen Stimme und dem selbstsicheren Auftreten vor Augen, der Vincent endlich in objektiver und sachlicher Art und Weise zu Hilfe eilt.

Anschließend ergreifen sofort die Anwälte das Wort. Mein Anwalt, Monsieur Odent, erhebt sich und hält vor den siebzehn Richtern sein Plädoyer. »Aus tiefer Liebe hat Rachel Lambert die einzige Entscheidung getroffen, die sie treffen konnte, denn diese Entscheidung hat ihr Mann gefordert.«

Es ist mir unangenehm, in den Mittelpunkt gerückt zu werden, aber mein Anwalt geht dabei sehr behutsam vor und tut es nur, um zu erklären, warum ich mich entschieden habe, diesen Weg einzuschlagen. Ich möchte, dass Vincent sterben darf, begleitet von meiner Liebe, von meiner aufrichtigen Liebe, die im Laufe dieser schweren Zeit niemals nachgelassen hat.

Alles, was ich in diesen sechs Jahren unternommen habe, habe ich einzig und allein für ihn getan.

»Das Vorgehen war vorschriftsmäßig und – wie es der Berichterstatter gesagt hat – vorbildlich. Es wurden viel intensivere Beratungen durchgeführt, als es das Gesetz vorschreibt. Sie dauerten vier Monate, von September 2013 bis Januar 2014. In den Prozess wurden die große Familie und ein Neffe einbezogen, die nach reiflichen, sehr reiflichen Überlegungen zu einer Entscheidung kamen. Die Weiterführung der künstlichen Ernährung kann als nichts anderes als eine lebensverlängernde Maßnahme angesehen werden«, fährt Monsieur Odent fort.

Wenn ich an diese verrückten Monate denke, an die angespannten Familientreffen und die Besprechungen mit den Ärzten, um zu überlegen, was für Vincent das Beste ist, wird mir schwindelig. Wenn ich daran denke, dass wir nun alle hier sitzen und dass uns allen – vor allem Vincent – all das hätte erspart bleiben können, dreht sich mir der Magen um.

So viel Ärger, so viel verlorene Zeit und so viel Leid für alle.

Die Anwältin von François Lambert, Madame Madeleine Munier-Apaire, spricht mir aus der Seele. »Es gibt in diesem Verfahren keine Gewinner und keine Verlierer. Wir sehen jetzt alle klarer. In Bezug auf Vincents Zustand sind keine Zweifel mehr erlaubt. Nein zu lebensverlängernden Maßnahmen zu sagen, das bedeutet, das Leben zu wählen, damit der Fall Vincent Lambert abgeschlossen werden kann und Vincent seine Freiheit zurückerhält.«

Fast zwei Stunden sind vergangen. Ich kann das Ende der Verhandlung kaum erwarten. Ich weiß sehr wohl, dass über die Entscheidung zunächst beraten werden muss. Aber ich hoffe, dass sie nicht erst Ende der nächsten Woche fällt.

Zuerst muss ich mir jedoch noch die Plädoyers der Gegenseite anhören. Es fällt mir immer schwerer, mir ihre Argumente anzuhören, und jedes Mal macht es mich furchtbar traurig. Ich muss die Ruhe bewahren. Noch ein letztes Mal.

Madame Claire Le Bret-Desaché, die Anwältin von Vincents Eltern, legt sich mächtig ins Zeug und drückt auf die Tränendrüsen. »Ich möchte nicht in Ihrer Haut stecken. Vincent kann noch viele, viele Jahre leben. Stellen Sie sich vor, Vincent wäre Ihr Sohn, der nicht leidet, sondern behindert ist. Schauen Sie ihn an: Er schläft, er lächelt, er hat feuchte Augen, er weint oft. Schauen Sie ihn an. Er lebt!«

Diese Worte setzen mir ungeheuer zu. Ich weiß, dass sie in ihrem Element ist, als sie das, was Vincents Eltern ihr erzählt haben, hier vor Gericht wiederholt. Wie sehr hätte ich mir gewünscht, dass es der Wahrheit entsprechen und Vincent wirklich leben würde. Wie sehr hätte ich mir gewünscht, heute nicht hier zu sitzen, sondern die Zeit zurückdrehen zu können und noch immer mit Vincent und unserer Tochter in unserem kleinen Haus zu wohnen und glücklich zu sein. Dieses Leben, das wir dort geführt haben, werde ich für immer in meinem Herzen bewahren. Auch wenn es der Vergangenheit angehört, begleiten mich die Erinnerungen daran jeden Tag und werden mir in den nächsten Jahren Halt geben.

Die Anwältin setzt ihr Plädoyer fort und reißt mich brutal aus meinen Gedanken. Jetzt bezieht sie sich auf eine E-Mail, die Viviane ihr vor zwei Tagen geschickt habe. Sie liest sie vor: »Ich möchte Ihnen mitteilen, dass Vincent gestern einen kurzen Augenblick bei Bewusstsein war. Es war das erste Mal, dass ich meine Gefühle kaum noch kontrollieren konnte, als ich Vincent in die Arme schloss. Seine Augen füllten sich mit Tränen, als er mich, seine hilflose Mutter, erkannte. Es war ein ungeheuer intensiver Augenblick.« Die Anwältin macht eine kurze Pause und fährt dann fort. »Verschließen Sie nicht die Ohren vor dem Aufschrei dieser Mutter!«

Und dann kommt sie richtig in Fahrt: »Wollen wir Vincent wirklich nach einem langen Todeskampf sterben lassen? Ihm entsetzliche Schmerzen zufügen, bis der Tod eintritt, wie es bei den Gefolterten im Mittelalter praktiziert wurde?!«

In aller Eile verlasse ich den Gerichtssaal. Ich will das Gericht so schnell wie möglich hinter mir lassen. Ich laufe zum Gare de l'Est und nehme den ersten Zug nach Reims. Ich muss sofort zu Vincent.

Ich bringe ihm ein neues Duschgel mit und gute Nachrichten – das hoffe ich zumindest. Nach dem heutigen Verhandlungstag sind wir einen großen Schritt weitergekommen. Rémi Keller, der Berichterstatter des Obersten Verwaltungsgerichts, hat den Abbruch der Behandlung empfohlen. Über das Urteil muss nun beraten werden. Am Dienstag um 16.00 Uhr werden wir erfahren, welche Entscheidung die siebzehn Richter getroffen haben.

Vorher möchte ich einfach mit meiner Tochter das Leben genießen, mit der ich das lange Wochenende verbringen werde, während wir auf die Entscheidung warten. Obwohl ich versuche, uns zu schützen, werfe ich einen Blick in die Zeitungen. Einige Titel verletzen mich. In einigen Artikeln steht, dass der Berichterstatter Vincent Lamberts Tod befürworte. Auf Facebook lassen die Leute ihrer Entrüstung freien Lauf und sprechen von Mord: »Das oberste Verwaltungsgericht führt die Todesstrafe wieder ein«, steht in einem Beitrag zu lesen. France Jeunesse Civitas, eine Bewegung strenggläubiger Katholiken, ruft zu einer Demonstration auf.

Es gefällt mir ganz und gar nicht, wie sich die Ereignisse entwickelt haben und dass einige sich unserer Geschichte bemächtigen, um sie für ihre Ideologien zu instrumentalisieren.

»Vincent, hörst du mich? Ich komme gerade aus Paris. Es sieht so aus, als würde deine Stimme nun endlich gehört werden.«

Ich sitze am Bett meines Mannes. Ich wäre froh gewesen, wenn ich ihm mehr dazu hätte sagen können und wenn es möglich gewesen wäre, ihn vollkommen zu beruhigen. Doch ich vermeide es, ihm in allen Einzelheiten zu erklären, was außerhalb dieses Zimmers geschieht.

Im vergangenen Jahr habe ich gelernt, alle Lebensbereiche, die meine ungeteilte Aufmerksamkeit verlangen, strikt voneinander zu trennen. Zum einen gibt es die Zeit mit Vincent und all das, was in der Abgeschiedenheit seines Krankenzimmers vor sich geht. Und dann gibt es die Zeit, die ich brauche, um mich mit den Gerichten und den Medien auseinanderzusetzen. Ich achte darauf, dass all diese Dinge nicht miteinander vermischt werden: Die »Lambert-Affäre«, wie es auf den Titelseiten einiger Zeitungen steht, soll keine Auswirkungen auf Vincents Privatsphäre haben.

Wenn ich an Vincents Bett sitze, bemühe ich mich, über unsere Tochter zu sprechen. Ich erzähle ihm, dass sie in die nächste Klasse versetzt wurde und was sie sonst so macht. Ich beschreibe all diese Augenblicke, die man auf den vielen Fotos sieht, die ich in Vincents Zimmer aufgehängt habe.

Dieser 24. Juni 2014

Die Nacht ist hereingebrochen. Es war ein anstrengender Tag. Ich bin allein in meinem Hotelzimmer in Reims. Ich schließe die Augen und lege mein Handy auf den Nachttisch. Ich denke an Vincent, den ich heute besucht habe. Er war ruhig und entspannt. Bevor ich ging, habe ich ihn geküsst.

An diesem Nachmittag hat das Oberste Verwaltungsgericht um kurz nach 16.00 Uhr seine Entscheidung bekanntgegeben. Ich saß auf dem Parkplatz der Universitätsklinik Reims im Auto. Im Radio werden ständig aktuelle Berichte gesendet, und dann folgt eine Live-Schaltung zum Gericht.

Ich erkenne die Stimme von Jean-Marc Sauvé, dem Vizepräsidenten des Obersten Verwaltungsgerichts: »Im besonderen Fall von Monsieur Vincent Lambert haben die Ärzte vorschriftsmäßig intensive Gespräche geführt und Einschätzungen vorgenommen vor ihrer Entscheidung, die künstliche Ernährung abzubrechen und behutsam den Sterbeprozess einzuleiten. Die Experten kamen übereinstimmend zu dem eindeutigen Schluss, dass der Patient irreversible Hirnschädigungen erlitten habe. Er befindet sich in einem vegetativen Zustand mit einer schlechten klinischen Prognose.

Zudem hat Vincent Lambert deutlich und wiederholt lebensverlängernde Maßnahmen abgelehnt, falls er eines Tages schwerst pflegebedürftig sein sollte. Alle Informationen, die wir insgesamt über die Persönlichkeit und den Krankheitsverlauf von Monsieur Vincent Lambert sammelten, haben das Oberste Verwaltungsgericht zu der Einschätzung geführt, dass das Einstellen der Behandlungen in einer solchen Situation seinem Willen entspricht.«

Den Rest höre ich nicht mehr. Die Gefühle überwältigen mich, und ich breche in Tränen aus. Ich durchlebe einen sonderbaren, irrealen Augenblick.

An diesem 24. Juni 2014 erkennt das Oberste Verwaltungsgericht endlich Vincents Willen an. Dennoch ist meine Erleichterung nicht grenzenlos. Der Schatten des Europäischen Gerichtshofs für Menschenrechte schwebt über mir. Vincents Eltern haben gestern einen Eilantrag gestellt, noch bevor die Richter des Palais-Royal offiziell ihre Entscheidung bekanntgegeben haben.

Als ich am Ende des langen Tages ins Hotel zurückkehre, werde ich durch die scharfen Worte von Monsieur Triomphe im Fernsehen aus meinen Gedanken gerissen. Der Anwalt der Lamberts steht am Mikrofon. »Das Oberste Verwaltungsgericht wird seiner Mutter und seiner Ehefrau einen toten Mann zurückgeben. Wir kehren ins finsterste Mittelalter zurück, und die Ärzte in den weißen Kitteln weisen uns den Weg. Tausende schutzloser Wesen, die sich nicht ausdrücken können, aber auch nichts verlangt haben, finden sich heute auf den Gängen des Todes wieder und sind dem erstbesten Arzt auf Gedeih und Verderb ausgesetzt.«

Er bestätigt, dass sie den Fall vor den Europäischen Gerichtshof für Menschenrechte bringen werden. Die Atempause scheint nur von kurzer Dauer zu sein.

An diesem Abend des 24. Juni fallen mir die Augen zu. Ich bin total erschöpft und verzweifelt. Ich weiß nicht, was der morgige Tag bringen wird. Er kann für Vincent ebenso das Beste wie auch das Schlimmste bedeuten. Wird er endlich erlöst und muss diese Behandlung, die offiziell als unvernünftige Behandlung um jeden Preis eingestuft wurde, nicht länger ertragen? Wird ihm endlich die ewige Ruhe zuteil, die er verdient hat?

Es ist 22.00 Uhr abends, als mein Handy anfängt pausenlos zu vibrieren. Es sind Journalisten. Ich habe nicht die Kraft, zu dieser späten Stunde ein Interview zu geben. Warum sind sie so hartnäckig? Seit der Entscheidung um 16.00 Uhr hat es keine Neuigkeiten gegeben.

Schließlich spreche ich doch mit einem Journalisten. Er möchte wissen, wie ich auf den Antrag beim Europäischen Gerichtshof für Menschenrechte reagiere. Wovon spricht er? Das Urteil wurde aufgehoben? Ich erfahre, dass der Europäische Gerichtshof für Menschenrechte die Regierung heute Abend aufgefordert hat, dafür Sorge zu tragen, dass die Entscheidung des Obersten Verwaltungsgerichts aufgehoben wird. Die Rechtsprechung des Europäischen Gerichtshofs stützt sich auf den Artikel 39 seiner Satzung. Dieser sieht vor, dass der Gerichtshof die Mitgliedsstaaten zu dringenden und vorläufigen Maßnahmen auffordern kann, und zwar »in besonderen Fällen, wenn die Antragsteller – in Ermangelung entsprechender Maßnahmen – dem tatsächlichen Risiko einer schweren und irreversiblen Schädigung ausgesetzt sind«.

Ich bin fassungslos. Der Tag ist noch nicht zu Ende. Wird Vincents Leiden denn niemals aufhören?

An diesen 24. Juni 2014 werde ich mich noch sehr lange erinnern, den Tag, an dem alles möglich war, den Tag einer kurzen, intensiven Erleichterung und zugleich einer entsetzlichen Enttäuschung. Was soll ich tun? Mir bleibt nichts anderes übrig, als am nächsten Morgen aufzustehen und mich erneut dem Kampf und den Herausforderungen zu stellen. Ich muss die dafür notwendige Energie aus der Kraft der Liebe schöpfen, die ich für meinen Mann empfinde, und aus seiner starken Persönlichkeit und seinen Überzeugungen.

Auch die stummen Zwiegespräche, die ich weiterhin mit Vincent führe, geben mir Kraft.

Schlaf, Liebster

Ihr Wagen steht auf dem Parkplatz des Krankenhauses. Ich möchte sie nicht sehen und scheue die Konfrontation. Seit dem Morgen fällt es mir schwer, die Fassung zu wahren.

Als ich aufgewacht bin, fühlte ich mich wie zerschlagen. Pierre und Viviane Lambert sind entschlossener denn je, um zu verhindern, dass die Behandlung abgebrochen wird. Sie sind bereit, alle zur Verfügung stehenden juristischen Möglichkeiten auszuschöpfen.

Ich habe das Gefühl, als gäbe es niemals eine Atempause, und bin wütend, weil der Anwalt von Vincents Eltern meine Worte in Frage stellt und daran zweifelt, dass ich nur Vincents Wille Gehör verschaffen will. Ich bin wütend, weil ich in den sozialen Netzwerken beschuldigt werde, meinen Mann töten zu wollen. Das ist absurd. Selbst der Begriff »passive Sterbehilfe« passt überhaupt nicht zu Vincents Situation.

Wir haben alles getan, was die Ärzte uns empfohlen haben. Niemals hätte ich diese schmerzliche Entscheidung akzeptiert, wenn vorher in all den Jahren nicht wirklich alles versucht worden wäre. Unglücklicherweise können die Ärzte nichts mehr für Vincent tun. Sein Zustand ist irreversibel. Aufgrund dieser Situation sind die Mediziner gezwungen, demütig die Grenzen ihrer Kunst anzuerkennen.

Natürlich ist es legitim für eine Mutter, sich an das Leben ihres Sohnes zu klammern. Dennoch ist es für mich unerträglich, wenn ich höre, dass Viviane in den Medien verbreitet, Vincent habe den Kopf gedreht, als er ihre Stimme gehört habe.

In den sechs Jahren, in denen ich meinen Mann begleitet habe, musste ich lernen, dass man die Bewegungen seines Körpers nicht als bewusste Reaktionen deuten darf. Vor allem darf man sich keinen Illusionen hingeben, wenn er ein Bein oder die Arme bewegt oder Töne von sich gibt.

Nachdem ich so viele Enttäuschungen erlebt habe, weiß ich, dass ich mich vor allen falschen Interpretationen hüten muss. Und genau das haben die Einschätzungen der Experten bestätigt.

Bevor ich Vincent besuchen kann, muss ich mich noch etwas gedulden. Ich werde warten, bis sie gegangen sind. So gehe ich in die Cafeteria des Krankenhauses und verlängere das Abonnement für Vincents Fernsehgerät. Ich komme an dem Büro von Dr. Kariger vorbei und sehe, dass er ein Interview gibt. Es wäre in seinem Sinne gewesen, wenn es nicht zur Anrufung des Europäischen Gerichtshofs gekommen wäre.

Ich hoffe, dass dieses Gericht so weise ist, so schnell wie möglich zu einer Entscheidung zu kommen. Wir müssen einen neuen Anwalt suchen, der in der Lage ist, vor diesem hohen Gericht aufzutreten. Die gesamte Akte muss erneut gründlich durchgearbeitet werden, um auf alle bösen Überraschungen vorbereitet zu sein. Wieder einmal haben wir den ganzen Fall in der Öffentlichkeit auszubreiten, und Vincent muss seine Privatsphäre wieder einmal preisgeben, nachdem das Oberste Verwaltungsgericht ihm endlich die sehnlich erhoffte Erlösung zugesprochen hatte. Was soll ich ihm sagen?

Ich kehre auf den Parkplatz zurück. Ihr Wagen steht nicht mehr dort. Ich möchte Vincent besuchen, ehe ich zu meiner

Tochter zurückkehre. Eine Pflegehelferin steht vor seinem Zimmer.

»Guten Tag. Wie geht es ihm?«

»Heute geht es, Madame Lambert ...«

Ich trete ein. Es ist warm in dem Zimmer. Vincents linke Wange ist stark geschwollen, und er sieht abgespannt aus. Er bewegt die Beine und versucht einzuschlafen, doch es gelingt ihm nicht. Ich berühre ihn nicht. Wenn er so unruhig ist und sich offenbar unwohl fühlt, versuche ich, ihm jeden zusätzlichen Stress zu ersparen. Ich spreche wenig und flüstere beinahe.

Vincents Blick ist trübe.

»Liebster, auch wenn ich nicht bei dir bin, bin ich in Gedanken bei dir. Ich lasse dich nicht im Stich. Schlaf, Liebster. Schließ die Augen. Schlaf, Liebster. Ruhe dich aus.«

Er verdreht die Hände. Ich starre auf den Ring am Ringfinger seiner linken Hand. Diesen Silberring trägt er seit fünf Jahren statt seines Eherings.

»Erinnerst du dich an das Geschenk zu deinem ersten Vatertag, Vincent?«

Es war ein Ring, in den ich einen Satz habe gravieren lassen, der mir viel bedeutet: »Für immer dein.«

Chronologie der Ereignisse

September 2008. Vincent Lambert wird nach einem Verkehrsunfall in das Krankenhaus von Châlons-en-Champagne eingeliefert.

Ende 2012. Ärzte und Pfleger beobachten bei Vincent Lambert Reaktionen, die darauf hindeuten, dass er sich nicht wohlfühlt, und sie stellen sogar einen Widerstand gegen die Pflege fest. Es stellt sich die Frage, ob es sinnvoll ist, die Behandlung um jeden Preis fortzusetzen: Sie beginnen mit intensiven Gesprächen über seinen Fall.

10. April 2013. Im Einvernehmen mit Rachel Lambert, der Ehefrau von Vincent Lambert, beschließen die Ärzte der Universitätsklinik Reims, die künstliche Ernährung zu beenden und behutsam den Sterbeprozess einzuleiten.

11. Mai 2013. Nachdem die Eltern beim Verwaltungsgericht in Châlons-en-Champagne einen Antrag auf eine einstweilige Verfügung gestellt haben, ordnet das Gericht an, die künstliche Ernährung des Patienten wieder aufzunehmen.

11. Januar 2014. Nach mehreren Monaten intensiver Überlegungen und zwei Treffen des Familienrats beschließt die Universitätsklinik erneut, die künstliche Ernährung und Flüssigkeitszufuhr abzubrechen. Zwei Tage später wenden die Eltern sich erneut an das Gericht.

16. Januar 2014. Das Verwaltungsgericht in Châlons-en-Champagne spricht sich gegen die Entscheidung der Ärzte aus. Die Ehefrau, die Universitätsklinik und der Neffe von Vincent Lambert gehen vor das Oberste Verwaltungsgericht.

14. Februar 2014. Das Oberste Verwaltungsgericht fordert neue medizinische Gutachten über den Gesundheitszustand von Vincent Lambert und die Einschätzung der obersten Ärztekammer Frankreichs, des nationalen Ethikrates, der Académie Nationale de Médecine und des Politikers Jean Leonetti an.

24. Juni 2014. Das Oberste Verwaltungsgericht hält die Entscheidung, die Behandlung abzubrechen, für legal. Die Eltern rufen den Europäischen Gerichtshof für Menschenrechte an.

5. Juni 2015. Der Europäische Gerichtshof für Menschenrechte (EGMR) entscheidet: Die Ärzte dürfen Vincent Lambert sterben lassen. Es sei kein Verstoß gegen das Recht auf Leben der Europäischen Menschenrechtskonvention, die künstliche Ernährung zu beenden. Die Richter folgten damit dem Urteil von Frankreichs Oberstem Verwaltungsgericht. Der Anwalt der Eltern kündigt weitere juristische Schritte in Frankreich an, um Vincent Lambert am Leben zu halten.

Danksagungen

Ich möchte den folgenden Personen meinen herzlichsten Dank aussprechen:

Meiner Schwester und ihrem Ehemann, die immer für mich da waren.

Meinem Vater für seine Unterstützung und Martine für ihr geduldiges Zuhören.

Meiner Mutter für ihre Unterstützung.

Catherine Berrier-Benoît, die mich ein Stück des Weges begleitet hat.

Meiner Anwältin Sara Nourdin für ihre Professionalität und ihr großes Engagement in unserem Fall. Sie hat weder Zeit noch Mühe gescheut.

Meinem Anwalt Monsieur Fossier für seinen unerschütterlichen Einsatz.

Meinem Anwalt Monsieur Odent für seine wertvolle Arbeit vor dem Obersten Verwaltungsgericht.

Noémie.

Allen Ärzten und Pflegern der Universitätsklinik Reims, die meinen Mann jetzt oder zu einem früheren Zeitpunkt versorgt haben, für ihre menschliche Zuwendung und ihr Engagement in all den Jahren.

Allen anderen, die mir geholfen und mir ihre Freundschaft bewiesen haben und die ich an dieser Stelle nicht namentlich aufgeführt habe. Ich hoffe, sie wissen, dass ich sie nicht vergessen werde.

Allen Menschen, die meinen Weg gekreuzt, mich unterstützt und mir Sympathie entgegengebracht haben.